波段操作

高抛低吸操盘技法一本通

刘文杰 ◎ 编著

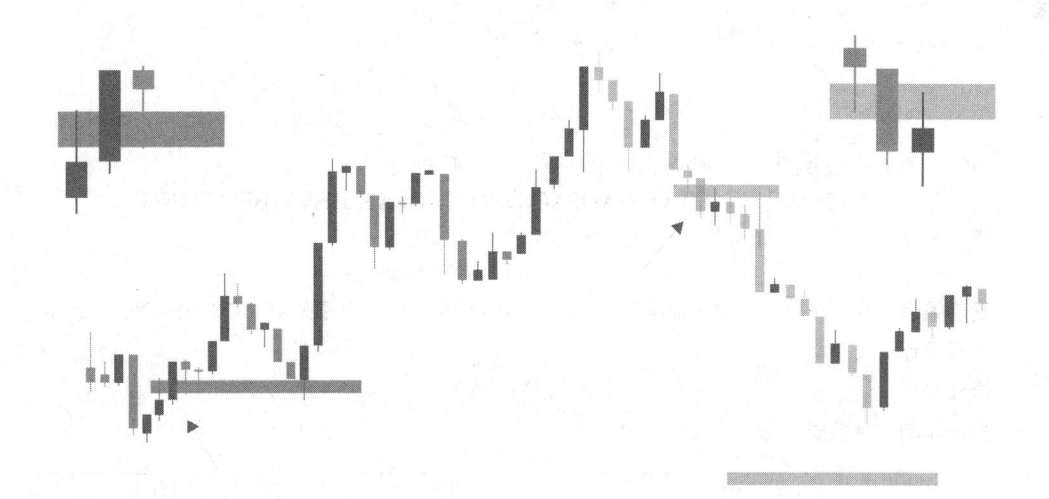

中国铁道出版社有限公司
CHINA RAILWAY PUBLISHING HOUSE CO., LTD.

图书在版编目（CIP）数据

波段操作：高抛低吸操盘技法一本通/刘文杰编著.—北京：中国
铁道出版社有限公司，2024.6
ISBN 978-7-113-31107-0

Ⅰ.①波… Ⅱ.①刘… Ⅲ.①股票交易-基本知识 Ⅳ.①F830.91

中国国家版本馆CIP数据核字（2024）第058181号

书　　名：波段操作——高抛低吸操盘技法一本通
　　　　　BODUAN CAOZUO: GAOPAO DIXI CAOPAN JIFA YIBEN TONG

作　　者：刘文杰

责任编辑：杨　旭　　　编辑部电话：(010) 51873274　　　电子邮箱：823401342@qq.com
封面设计：仙　境
责任校对：刘　畅
责任印制：赵星辰

出版发行：中国铁道出版社有限公司（100054，北京市西城区右安门西街8号）
印　　刷：河北宝昌佳彩印刷有限公司
版　　次：2024年6月第1版　2024年6月第1次印刷
开　　本：710 mm×1 000 mm　1/16　印张：11.5　字数：170千
书　　号：ISBN 978-7-113-31107-0
定　　价：69.00元

版权所有　侵权必究

凡购买铁道版图书，如有印制质量问题，请与本社读者服务部联系调换。电话：(010) 51873174
打击盗版举报电话：(010) 63549461

前言

股票操作，方法万千。自股票诞生以来，形形色色的技术分析理论不断发展，形成了当代股市百家争鸣的场景。

这些技术分析理论和方法各有优劣，也各有难易，有些适用于大部分的投资活动，而有些仅能为专业投资者或投资机构提供帮助。这其中，高抛低吸的波段操作分析法就是一种适用范围广、难易程度适中、基础性强的技术分析方法。

波段操作的重点在于"高抛"和"低吸"，也就是利用各种市场信息，比如K线形态或技术指标走势等来寻找买卖点。

这说起来容易，做起来却不简单。要知道，股市投资的不确定性极大，没有人能够对个股后市走向有绝对把握，也没有人在当下就能确定自己一定买到了最低点，或者卖到了最高点。不过，若投资者能够深入学习波段操作分析技巧，再将理论与实际充分结合，同时做好仓位管理，是有机会将买卖点的定位进一步精确化，将自己的收益进一步扩大的。

此书正是以波段操作分析技巧为基础，融合了多种常见的技术分析方法，加以实战验证后编写而成，为投资者提供综合性的波段操作分析技巧指导，同时也会提示各类方法背后的风险。

全书共五章，可分为三个部分：

◆ 第一部分为第1～3章，介绍了波段中的K线买卖形态，趋势性指标对波段操作的辅助，以及借助经典波段理论做高抛低吸的方法，为投资者初步认识波段操作技术打下坚实的基础。

◆ 第二部分为第4章，专门针对波段操作仓位管理进行解析。其中介绍了多种适用于不同行情走势的分批建仓方法，也包含一些止盈和止损技巧，帮助投资者控制成本和风险。

◆ 第三部分为第5章，是将前面讲解的理论知识融合起来，借助两只走势不同且具有一定代表性的股票进行实战演练，目的在于更好地将理论融入实际分析之中。

本书内容由浅入深、循序渐进，既能为基础薄弱的新手投资者打下基础，也能使经验丰富的老股民借鉴进阶操作方法。除此之外，书中的每个理论知识后面几乎都配备了对应的实盘案例解析，这能使投资者理解起来更加轻松、深刻。

最后，希望所有读者通过对书中知识的学习，提升自己的炒股技能，收获更多的投资收益。但任何投资都有风险，也希望广大投资者在入市和操作过程中谨慎从事，规避风险。

编　者

2024年1月

目录

第 1 章　波段中的 K 线买卖形态

1.1　K 线组合形态寻找操作点 2

1.1.1　早晨之星 2
实例分析 兆日科技（300333）早晨之星形态应用 3

1.1.2　看涨吞没线 4
实例分析 天利科技（300399）看涨吞没线形态应用 5

1.1.3　曙光初现 7
实例分析 芯能科技（603105）曙光初现形态应用 8

1.1.4　低位五连阳 10
实例分析 恒银科技（603106）低位五连阳形态应用 11

1.1.5　黄昏之星 12
实例分析 博创科技（300548）黄昏之星形态应用 13

1.1.6　看跌吞没线 15
实例分析 京投发展（600683）看跌吞没线形态应用 15

1.1.7　乌云盖顶 18
实例分析 财信发展（000838）乌云盖顶形态应用 19

1.1.8　高位五连阳 21
实例分析 山大地纬（688579）高位五连阳形态应用 22

i

1.1.9　下档盘旋 25
　　　实例分析 常熟汽饰（603035）下档盘旋形态应用 26

1.2　K线中继形态的预示信号 27
1.2.1　等腰、直角三角形 27
　　　实例分析 精华制药（002349）下跌趋势中的等腰三角形 29
1.2.2　上升、下降矩形 30
　　　实例分析 京城股份（600860）上涨行情中的上升矩形 31
1.2.3　旗形和楔形 33
　　　实例分析 幸福蓝海（300528）上涨行情中的下降旗形 34

1.3　K线筑顶与筑底形态波段应用 35
1.3.1　倒V形顶 36
　　　实例分析 国晟科技（603778）倒V形顶形态应用 36
1.3.2　双重顶和头肩顶 38
　　　实例分析 北陆药业（300016）双重顶形态应用 39
1.3.3　塔　形　顶 40
　　　实例分析 昊华科技（600378）塔形顶形态应用 41
1.3.4　V　形　底 42
　　　实例分析 永和股份（605020）V形底形态应用 43
1.3.5　双重底和头肩底 44
　　　实例分析 宏昌科技（301008）双重底形态应用 45
1.3.6　塔　形　底 46
　　　实例分析 威龙股份（603779）塔形底形态应用 47

第2章　趋势性指标辅助波段操作

2.1　均线指标中的波段买卖形态 50
2.1.1　金　蜘　蛛 50
　　　实例分析 百洋股份（002696）金蜘蛛实例解析 51

目　录

2.1.2 蛟龙出海 53
　　实例分析 中国科传（601858）蛟龙出海实例解析 54
2.1.3 鱼跃龙门 55
　　实例分析 零点有数与丰立智能的鱼跃龙门形态对比 56
2.1.4 死亡谷 58
　　实例分析 陕西黑猫（601015）死亡谷实例解析 59
2.1.5 断头铡刀 61
　　实例分析 倍杰特（300774）断头铡刀实例解析 61
2.1.6 九阴白骨爪 63
　　实例分析 延华智能（002178）九阴白骨爪实例解析 63

2.2 趋势线指标的具体应用 65
2.2.1 趋势线的绘制与修正 65
2.2.2 上升趋势通道中的操作点 67
　　实例分析 坚朗五金（002791）上升趋势通道中的操作点 68
2.2.3 下降趋势通道中的操作点 70
　　实例分析 新乡化纤（000949）下降趋势通道中的操作点 70

2.3 如何利用布林指标高抛低吸 72
2.3.1 布林三线同时上扬 73
　　实例分析 国光电气（688776）布林三线同时上扬分析 74
2.3.2 飞跃布林线 75
　　实例分析 德尔未来和大豪科技的飞跃布林线分析 76
2.3.3 布林三线同时下移 79
　　实例分析 招标股份（301136）布林三线同时下移分析 79
2.3.4 破位布林线 81
　　实例分析 我乐家居（603326）破位布林线分析 81
2.3.5 布林通道开口、收口与紧口 83
　　实例分析 宝兰德与中文在线布林通道开口与收口分析 84
　　实例分析 石英股份（603688）布林通道紧口分析 87

第 3 章　经典理论做高抛低吸

3.1 波浪理论：波段操作的关键理论 90
3.1.1 波浪理论概述 90
实例分析 五粮液（000858）大循环中嵌套的小循环 91
3.1.2 上升趋势推动浪低吸 93
实例分析 中矿资源（002738）上升趋势推动浪低吸 93
3.1.3 上升趋势调整浪高抛 95
实例分析 江山欧派（603208）上升趋势调整浪高抛 95
3.1.4 下降趋势推动浪高抛 97
实例分析 联泓新科（003022）下降趋势推动浪高抛 97
3.1.5 下降趋势调整浪低吸 99
实例分析 嘉诚国际（603535）下降趋势调整浪低吸 99

3.2 其他经典理论的波段分析 100
3.2.1 箱体理论分段操作 100
实例分析 绿盟科技（300369）箱体理论分段操作 101
3.2.2 箱体中的买卖点 102
实例分析 科士达（002518）箱体中的买卖点 103
3.2.3 江恩十二买卖法则 105
实例分析 恒力石化（600346）江恩十二买卖法则应用 107
3.2.4 江恩回调法则 109
实例分析 海康威视（002415）江恩回调法则应用 110
3.2.5 缺口理论中的向上缺口 112
实例分析 融捷股份（002192）缺口理论中的向上缺口解析 114
3.2.6 缺口理论中的向下缺口 116
实例分析 海天味业（603288）缺口理论中的向下缺口解析 117

第 4 章　波段操作中的仓位控制

4.1　分批建仓控制风险 120

4.1.1　金字塔建仓法 120
实例分析 新莱应材（300260）金字塔建仓法实战 121

4.1.2　倒金字塔建仓法 123
实例分析 杉杉股份（600884）倒金字塔建仓法实战 124

4.1.3　均分建仓法 127
实例分析 雅克科技（002409）均分建仓法实战 127

4.1.4　等比建仓法 129
实例分析 喜临门（603008）等比建仓法实战 130

4.2　高位止盈保住收益 134

4.2.1　固定与浮动止盈线 134
实例分析 健民集团（600976）浮动止盈策略的设置与执行 ...136

4.2.2　利用预警信号止盈 138
实例分析 江山欧派（603208）成交量预警止盈 138

4.2.3　主力异动止盈 140
实例分析 西安饮食（000721）主力异动止盈 141

4.3　下跌后止损及时撤离 144

4.3.1　利用技术指标止损 144
实例分析 宁波东力（002164）均线加速下跌形态止损 145

4.3.2　破位关键价格线止损 148
实例分析 朗博科技（603655）破位价格线止损 149

4.3.3　反弹高点止损 150
实例分析 斯莱克（300382）反弹高点止损 151

第 5 章　波段高抛低吸操作实战

5.1 牛市行情中的高抛低吸：汇川技术（300124）......154

5.1.1 第一次使用金字塔建仓法买进......154
实例分析 在上涨初期第一次低吸建仓......154

5.1.2 第二次建仓机会来临......155
实例分析 突破盘整后第二次出现明确的买进机会......156

5.1.3 最后一次买进，建仓结束......157
实例分析 回调获得支撑后第三次买进并长期持有......157

5.1.4 深度回调来临，清仓卖出......159
实例分析 大幅上涨后在快速下跌处清仓出局......159

5.1.5 再次尝试买进......162
实例分析 深幅下跌后企稳重拾升势的买入分析......162

5.1.6 最后结算收益......164
实例分析 行情见顶下跌时的收益结算......164

5.2 熊市行情中的波段操作：扬杰科技（300373）......166

5.2.1 行情见顶及时止盈......166
实例分析 熊市开启时的止盈出局操作......167

5.2.2 强势反弹准备介入......169
实例分析 下跌期间的低吸高抛抢反弹......169

5.2.3 稳定下跌趋势中波段操作......171
实例分析 稳定下跌途中的波段买卖操作......171

5.2.4 长期整理后形成暴跌......173
实例分析 整理结束后变盘继续下跌时要及时止损......173

第 1 章

波段中的K线买卖形态

　　能够应用于波段操作的技术分析方式有很多，投资者可以从最基础的方式学起。借助K线买卖形态研判股价走势，就是一种很好的入门级的波段操作分析方式，本章将对其进行详细讲解。但需要注意的是，本书中所涉及的内容仅仅是理论上的操作分析，实战中还有各种因素影响股价走势，投资者需要具体问题具体分析，不可按照理论知识盲目进行买卖操作。

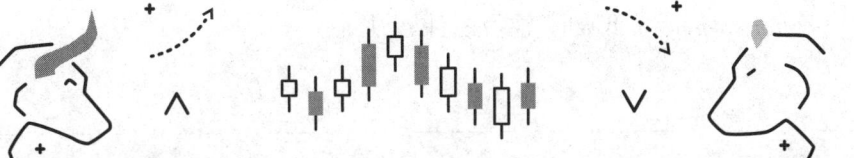

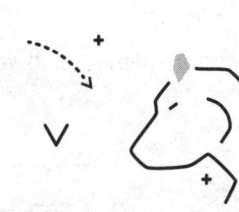

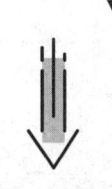

1.1　K线组合形态寻找操作点

K线的组合形态主要指的是由两根及以上的K线构筑出的特殊形态，当它们出现在特定的位置，或者与其他K线形成配合时，会传递出一些具有参考性质的买卖信号。

这些K线组合形态对于高抛低吸的波段操作者来说还是有很大助益的，毕竟波段操作的精髓之一就是寻找合适的买卖点，K线组合形态正好能帮助投资者增强这方面的能力。

下面就针对一些常见的K线组合买卖形态进行深入解析。

1.1.1　早晨之星

早晨之星就是最典型的K线组合买入形态之一，它由三根K线构成，第一根和最后一根K线都需要是长实体，并且前阴后阳，而中间的小K线则不限阴阳，只要实体够小就可以，十字星最好，其示意如图1-1所示。

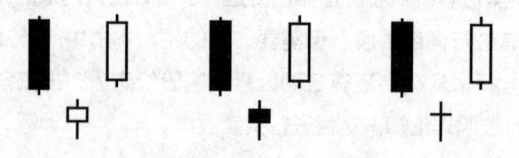

图1-1　早晨之星示意图

正是由于早晨之星前阴后阳的构造，它传递出的是股价止跌震荡后反转回升的信号，因此，常出现在阶段底部或是行情底部，是一个非常明显的做多信号，有时也被称为希望之星，意味着上涨希望的到来。

很显然，对于投资者来说，早晨之星形成的位置就是一个波段操作的低吸点。虽然不同操作策略的投资者买进的时机可能有所不同，但大多会集中在早晨之星形态前后，投资者可在实际操作中根据具体情况来决定买入的位置。

在利用早晨之星低吸时需要注意以下几点。

- 早晨之星形态虽然典型，但在实战中依旧可能出现信号失真的情况。比如在下跌行情中，早晨之星可能会在反弹前夕形成，但形成数日后就反弹结束拐头下跌了，虽然投资者及时买进也能获得一定的收益，不过性价比很低。因此，投资者最好在上涨行情中或是在下跌行情的低位利用该形态做多，并时刻注意撤离。
- 早晨之星形态中间的小K线实体最好与前后两根K线的实体之间都形成跳空，也就是实体不重叠，这样的早晨之星会更加标准。
- 前后两根K线的实体越长，单日涨跌幅越大，信号越可靠。

下面来进行实例分析。

实例分析

兆日科技（300333）早晨之星形态应用

图1-2为兆日科技2021年9月至12月的K线图。

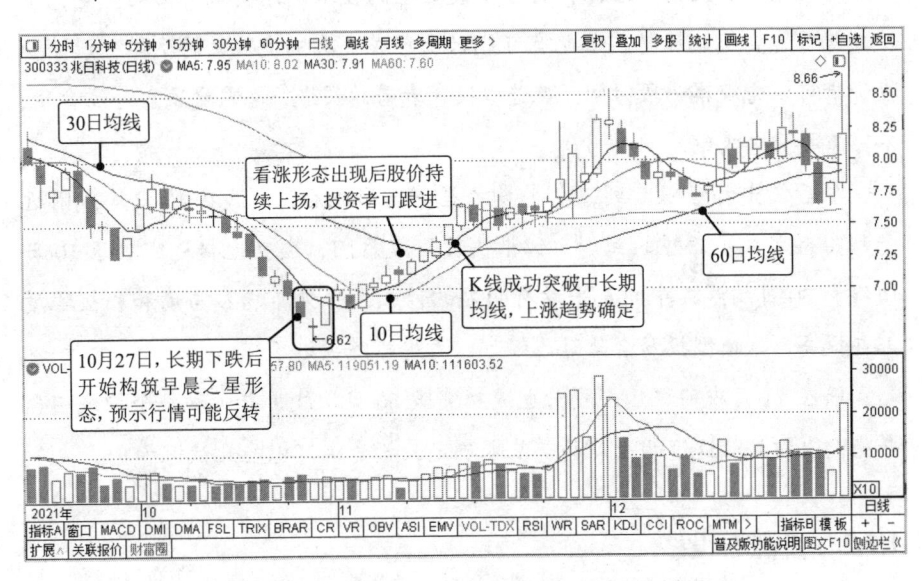

图1-2 兆日科技2021年9月至12月的K线图

在兆日科技的这段走势中，早晨之星形成于一段下跌趋势的底部，它是涨跌趋势变换的风向标，也是波段低吸的信号。

从图1-2中可以看到，在2021年10月之前，该股还在中长期均线的压制下持续下行，期间形成过一次幅度不大的反弹，但没有成功突破30日均线，因此，下跌趋势依旧存在，投资者不可轻易介入。

10月27日，该股以低价开盘后迅速震荡下行，落到当日最低位置后止跌回升，但并没有回升太大幅度，最终在低位横盘震荡直至收盘，当日形成一根长实体阴线。

次日，股价跳空低开后第一分钟就迅速上行，但在前日收盘价附近受阻后拐头下跌，最终收出了一根小实体K线，其实体与前一根阴线的实体之间形成了跳空缺口。

到了第三个交易日时，该股却以高价开盘，并且在开盘后就震荡上行，最终以3.27%的涨幅收出了一根阳线。

将这三根K线结合来看，中间的K线实体与前后两根K线实体之间都形成了跳空，并且前阴后阳，符合早晨之星的技术形态要求。由此可见，下跌趋势可能会就此反转，但也有可能只是形成一次幅度较大的反弹，谨慎型投资者可以先观察一段时间；激进型投资者若想买进，也需要注意仓位管理，不可直接重仓吸纳。

从后续走势可以看到，在早晨之星形态形成后，K线在10日均线附近受到阻碍形成了短暂的回调，但很快便继续收阳，成功地接连突破了10日均线和30日均线，中间几乎没有明显的停顿，可见市场参与度和积极程度都在提高，谨慎型投资者此时已经可以考虑跟随买进了。

而在11月中旬之后，股价也成功突破60日均线，并带动整个均线组合开始向上扭转，这说明上涨趋势基本确定，投资者可以在此试探加仓。

1.1.2 看涨吞没线

看涨吞没线也是一种十分常见的买进K线形态，并且形成位置相较于早晨之星来说更加灵活。

看涨吞没线形态由两根及以上的K线构成，其关键研判点在于最后一根长实体阳线上，该阳线实体能够向前吞没多少根K线，整个形态就包含了多大的范围。一般来说，由3～4根K线构成的看涨吞没线形态比较常见。图1-3为看涨吞没线的示意图。

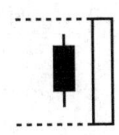

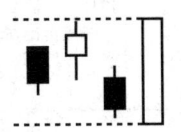

图1-3　看涨吞没线示意图

在上涨过程中，看涨吞没线形成得最为频繁，虽然有些时候它也会出现在下跌底部，但传递出的信号都是一致的，那就是看涨买进信号。只是根据形成位置的不同，投资者买进的持股成本有所不同，这一点需要投资者自行衡量。

以下是看涨吞没线形态的使用注意事项。

◆ 一般来说，看涨吞没线都要求以阳线实体向前吞没K线的全部，包含K线的上下影线。而实际上，如果阳线实体本身较大，但依旧需要凭借上下影线才能向前覆盖住K线，看涨吞没线也是可以成立的，只是买进信号稍弱。

◆ 如果K线的上下影线稍微脱离了最后一根阳线的包覆范围，也不会对形态产生太大影响，投资者依旧可以在此买进。

注意，在上涨趋势中形成的看涨形态并非投资者买进的唯一标准或时机，它只是对上涨行情的一个确认。因此，投资者没有必要非得等到特定形态出现后才买进，激进型投资者甚至可以在股价见底回升的位置建仓，然后在看涨吞没线形成后继续加仓。

下面来进行实例分析。

实例分析
天利科技（300399）看涨吞没线形态应用

天利科技的这段走势中形成的两处看涨吞没线，可以作为投资者的加仓点，而非建仓点。

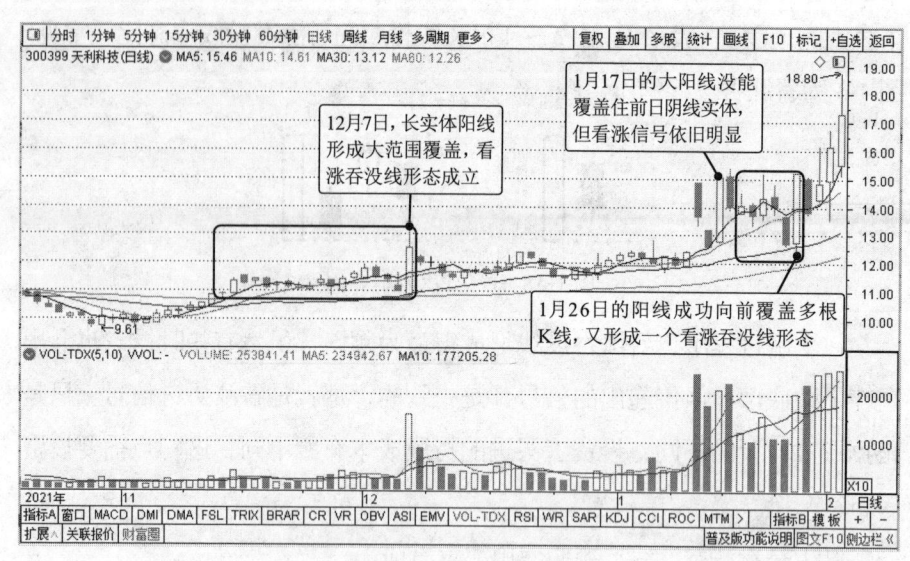

图1-4为天利科技2021年10月至2022年2月的K线图。

图1-4 天利科技2021年10月至2022年2月的K线图

虽然天利科技在2021年10月还处于下跌，但该股在落到10.00元价位线附近后就止跌横盘了，经过一段时间的筑底后收阳回升，连续突破了多条均线，进入了上涨之中。此时K线虽然没有形成过看涨吞没线，但投资者依旧可以尝试跟进，降低持股成本。

直到该股成功突破到11.00元价位线上方，整体的涨势才有所减缓，股价开始在11.00元到12.00元的价格区间内上下波动，期间收出的基本都是小实体K线。

12月7日，股价以低价开盘后迅速上冲，第一分钟就冲到了前日收盘价上方，并在开盘后半个小时内迅速直线拉升，一路上涨到了涨停板上，但并未停留，而是迅速拐头下行，落回到了均价线下方，最终以14.14%的涨幅收出了一根大阳线。

从图1-4中可以看到，该阳线的实体相当长，该股在突破11.00元价位线后形成的震荡小实体K线几乎都被覆盖住了，形成的是一个大范围的看涨吞没线。再加上K线已经成功向上突破到了12.00元价位线上方，股价未来上涨的概率很大，投资者可以尝试在此加仓。

虽然在后续的走势中，该股小幅回落到了 30 日均线附近，但在其支撑下低点依旧在缓慢上移，呈现出稳定的上涨状态，期间投资者依旧可以持有。

进入 2022 年 1 月后，该股在 1 月中旬形成一次快速上冲，但在 15.00 元价位线上受阻后回落。1 月 17 日，K 线又收出了一根大阳线，虽然实体比 12 月 7 日的阳线实体还要长，但依旧没能向前覆盖住前一根阴线的实体，因此，不能算作是看涨吞没线，不过其释放出的积极信号依旧是有效的，投资者可以对其保持关注。

在其后的数个交易日内，该股围绕着 14.00 元价位线横盘震荡。1 月 26 日，股价在午盘之后迅速拉升，成功冲上了涨停板并长期封板，直至收盘，当日以 20.03% 的涨幅收出一根大阳线，成功向前覆盖住了多根 K 线，形成了又一个范围较大的看涨吞没线。

结合前期的数根大阳线来看，该股变盘向上的概率还是比较大的，投资者可以继续加仓。

从后续的走势也可以看到，该股在此之后调整了一个交易日，然后接连收阳上冲，最高点已经突破了 18.00 元价位线，短期涨幅可观。投资者若能从 2021 年 11 月初一直持股，将获得不错的收益。

1.1.3 曙光初现

曙光初现是一个常见于下跌底部的反转形态，其作用与早晨之星十分类似，但它只由两根 K 线构成。两根 K 线前阴后阳，并且实体都偏大，阳线的开盘价需要低于阴线的收盘价，而收盘价要深入阴线实体内部，二者呈现交错咬合状态，如图 1-5 所示。

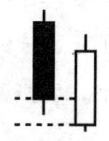

图 1-5 曙光初现示意图

因为形态中的阳线整体并没有高出阴线，仿佛太阳被遮挡在云层之中，因此被称为曙光初现。曙光初现还有一个相似的旭日东升反转形态，它的阳线就位于阴线右上方，意味着太阳已经探出云层，进入上涨之中。

曙光初现形态释放出的是买进信号，但由于投资者不好判断后市到底是趋势反转还是短暂反弹，立即买进依旧比较冒险，因此，谨慎型的投资者还是应以继续观望、稳定上涨后再买进的策略为主。

下面介绍一些曙光初现形态的操作细节。

- ◆ 曙光初现中第二根阳线的实体需要深入第一根阴线实体内部一半以上，形态才算标准。
- ◆ 两根K线的实体越长，上下影线越短，释放出的信号就越强烈。
- ◆ 股价在曙光出现形成后可能不会立即上涨，而是会沿着某价位线横向震荡一段时间，随后才变盘向上。在此期间，谨慎型投资者就可以不必急于买进，当股价突破关键压力线后再买进也不迟。

接下来进入实战分析。

实例分析

芯能科技（603105）曙光初现形态应用

图1-6为芯能科技2022年3月至7月的K线图。

图1-6中展示的是芯能科技涨跌趋势反转的过程，从K线图中可以看到，在2022年4月下旬之前，该股的跌速非常快，甚至一度导致均线组合形成了空头排列形态。价格从13.00元价位线附近跌到最低的8.07元，只用了一个月左右的时间，在此期间基本没有比较好的介入时机。

4月26日，该股在开盘后还在常规下跌，当日以5.98%的跌幅收出了一根长实体阴线。但下跌走势在次日有了转机，该股以低价开盘后横向震荡了一段时间，最终快速回升，以5.64%的涨幅收出了一根大阳线。

将这两个交易日的K线结合来看，第二根阳线的开盘价低于第一根阴线的收盘价，并且其收盘价成功深入阴线的实体内部一半以上，甚至快要接近阴线的开盘价了,曙光初现的形态十分标准,释放出的看涨信号十分强烈。但由于前期股价跌势过于迅猛,此时投资者还不能贸然进入。

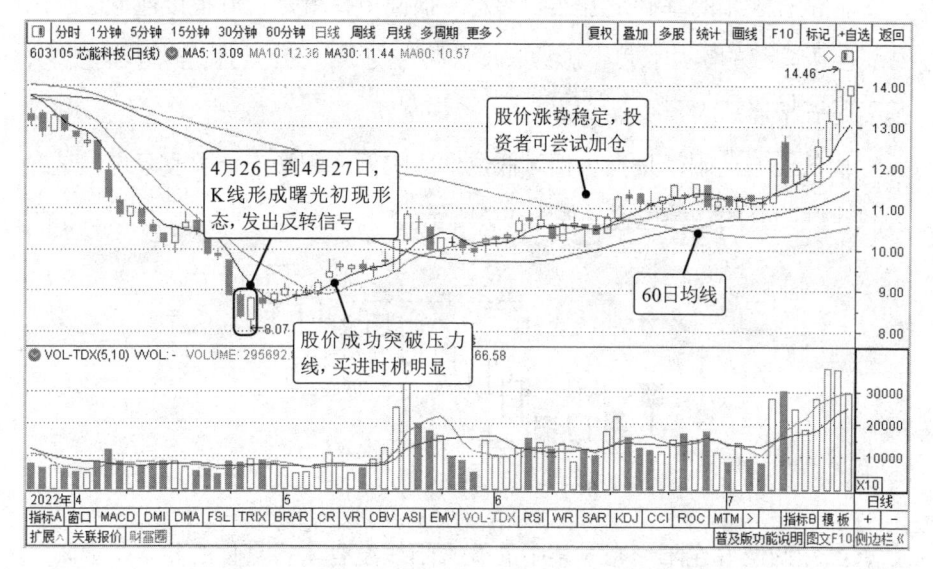

图 1-6　芯能科技 2022 年 3 月至 7 月的 K 线图

从后续的走势中可以看到,该股在此之后受到了 9.00 元价位线的压制,不过在横盘数日后还是成功将其突破,上涨趋势明显起来,谨慎型投资者已经可以尝试建仓了。

在 5 月中旬,该股收阳向上成功突破了 30 日均线,是一个比较明确的上涨趋势确定的信号。而在 6 月中旬,60 日均线也被突破了。在此期间,该股的涨势十分稳定,意味着整个上涨趋势的延续在未来也有很大概率能够得到保证,投资者可以试着在低位加仓,抓住后续涨幅。

拓展知识　*什么是均线组合的空头排列*

"空头"这个词汇在股市中一般代表的都是走弱的情形,均线组合的空头排列也是如此,它具体指的是短期均线在下、中期均线居中、长期均线在上的一种排列形态。因为短期均线与 K 线的贴合度最高,所以与 K 线离得最近,K 线涨跌速度越快,均线之间的乖离值(一种技术分析指标)就越大,如果均线组合在下跌行情中保持着这样的排列,就说明股价跌势是十分稳定和持续的,属于看跌形态。

1.1.4 低位五连阳

低位五连阳的基础是五连阳形态，很简单，就是指五根接连形成的阳线，至于阳线的实体长度、影线长度、跳空与否、交错与否等都没有要求，只要是五根连续的阳线就可以。

而低位五连阳就是指在相对低位形成的五连阳形态，一般来说，是在股价止跌回升的初始位置，如图 1-7 所示。

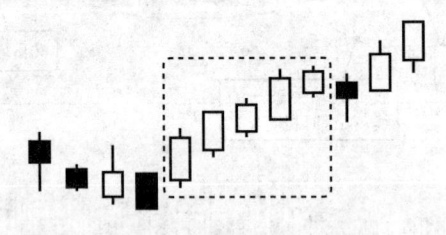

图 1-7　低位五连阳示意图

虽然低位五连阳形态对其中的五根阳线没有太多具体的要求，但阳线之间的缺口越大，实体越长，向上拉升的幅度越大，形态释放出的买进信号也就越强。

当然，在连续大幅度的拉升后，股价可能会在短时间内形成一次回调，但只要其低点不跌破低位五连阳中第一根阳线的最低价，投资者就可以不必急于卖出。待到股价回调结束、企稳继续拉升后，投资者将有机会获得更加丰厚的回报。

以下是低位五连阳形态的一些使用注意事项。

- 既然有低位五连阳，那么肯定也有高位五连阳，这就提示投资者一定要注意五连阳形态的位置，一旦股价涨幅已高，形成的五连阳发出的就不一定是买进信号了。
- 在五连阳形态之中，最好不要混进十字星、T 字涨停、倒 T 字涨停或一字涨停等形态，虽然它们都不算阴线，甚至看涨积极程度比普通阳线还要高，但依旧会对五连阳的形态判定造成影响，还可能会降低低位五连阳的买进信号可靠度。

相较于本节前面讲解的三个形态来说，低位五连阳是比较好判断的，而且它也能够为投资者留出更多的分析空间和买进时间。

下面来看实例解析。

实例分析

恒银科技（603106）低位五连阳形态应用

从恒银科技的这段走势中就可以看到一个清晰的低位五连阳。

图1-8为恒银科技2022年9月至12月的K线图。

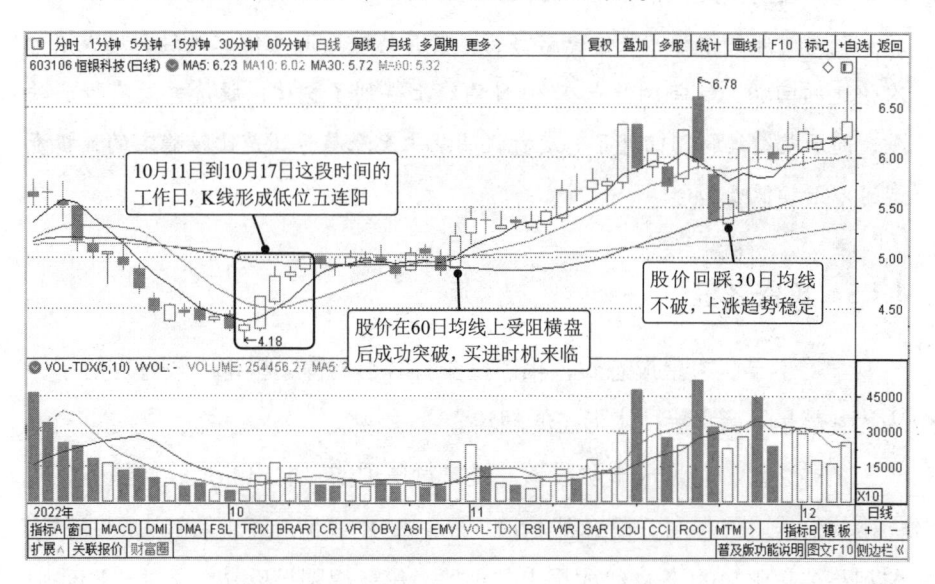

图1-8 恒银科技2022年9月至12月的K线图

2022年9月，恒银科技还处于下跌趋势之中，并且股价跌速还比较快。直到跌破4.50元价位线后，该股跌势才减缓，并从10月11日开始连续收阳上涨，成功回升到了5.00元价位线附近。

而在K线收阳上涨的过程中五连阳形态已经悄然出现，并且期间还形成了两根实体较长的阳线。形态成功将价格从最低的4.18元拉升到了5.00元价位线附近，短期涨幅比较可观。

再加上此时股价处于相对低位，连中长期均线都还没有突破，因此，可以判定为低位五连阳。那么激进型投资者就可以尝试着在此期间买进，谨慎型投资者最好还是再观察一段时间。

从后续的走势可以看到，在10月17日之后，该股收出了阴线横向震荡。主要还是因为5.00元价位线和两条中长期均线都在相近的位置对其形成了压制，因此，股价没能第一时间突破，投资者依旧以观望为主。

到了10月底，该股终于成功收出一根大阳线，向上突破到了整个均线组合和5.00元价位线之上，并在次日继续收阳上涨，确定了突破的有效性。那么此时谨慎型投资者也可以尝试买进了。

随着时间的推移，股价一路上扬，当其越过6.50元价位线后，形成了一次快速的回调，但回调低点在30日均线上得到了支撑，股价并没有彻底跌破，随后就继续收阳回升了。这就说明此次上涨趋势还是比较稳定的，投资者可以继续低吸加仓。

1.1.5 黄昏之星

学习了早晨之星形态后，相信投资者对于黄昏之星也比较好理解了，因为它就是早晨之星技术形态的翻转。

黄昏之星一般形成于阶段顶部或是行情顶部，发出的是股价趋势反转向下的信号。形态由三根K线构成，第一根K线是继续上涨的大阳线，第二根是停顿涨势的小K线或是十字星线，第三根则是反转向下的大阴线，如图1-9所示。

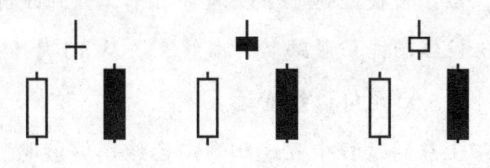

图1-9 黄昏之星示意图

黄昏之星是一种比较可靠的顶部反转形态，虽然不排除信号失真的可能性，但投资者在遇到黄昏之星时，最好还是先行撤离以观望为佳。毕竟如果投资者判断失误，踏空行情，也可以在后续的上涨过程中重新买进；但如果投资者一直惜售不肯出局，当股价真的转向下跌，可能就会遭受一定的损失了。

黄昏之星的注意事项如下。

◆ 一般来说，黄昏之星的前后两根 K 线实体的波动幅度能够达到 3.6% 以上，也就是大 K 线的标准最好，但也不是绝对的。有些时候，两根 K 线实体只有中 K 线的水平，也依旧能够预示出反转信号，只是信号可靠度没有标准的黄昏之星那么强。

◆ 与早晨之星一样，黄昏之星中间的小 K 线需要与第一根阳线的实体之间形成跳空，如果能与阴线的实体之间也留有空隙自然最好，但如果没有，也并不影响卖出信号。

下面进入实战解析。

实例分析
博创科技（300548）黄昏之星形态应用

图 1-10 为博创科技 2023 年 5 月至 8 月的 K 线图。

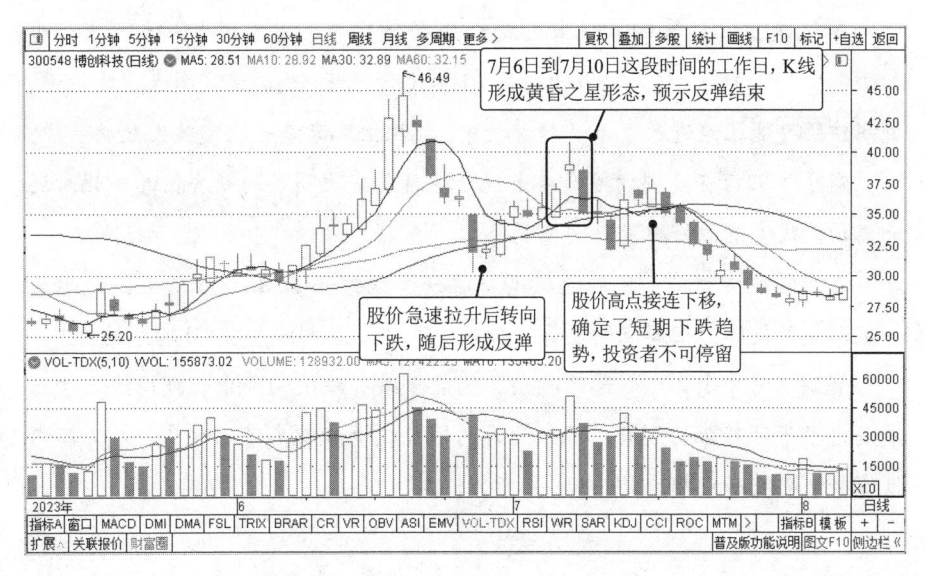

图 1-10　博创科技 2023 年 5 月至 8 月的 K 线图

虽然黄昏之星常见于行情顶部和阶段顶部，但更多的时候投资者还是更习惯利用上涨行情顶部和上涨阶段顶部中的黄昏之星做空。而反弹顶部的黄昏之星则比较少见，很多时候也不受重视，但它也具有很强的预示意义，投资者不可将其忽视。

比如博创科技在 2023 年 7 月初的反弹过程中形成的黄昏之星，就具有代表意义，下面来对其进行详细解析。

从图 1-10 中可以看到，博创科技的股价在 2023 年 5 月还处于相对低位，整体被压制在中长期均线之下。但在进入 6 月后，K 线就已经上升到了整个均线组合之上，呈现出积极的攀升状态。

尽管在半个月后，该股就在 46.49 元的位置见顶回落了，但这段时间内的涨幅依旧不可小觑，大量投资者已经跟进。待到股价转势下跌后，许多投资者也跟随出局了，但依旧有不少惜售型投资者在等待下一次上涨。

该股在 6 月底落到两条中长期均线上后确实受到了支撑，形成了一次快速的反弹。7 月 6 日和 7 月 7 日的 K 线还在收阳上涨，7 月 7 日的 K 线实体甚至与前一根阳线形成了较大的缺口。而在 7 月 10 日，股价明显转势下跌，收出了一根大阴线，低点落在了 30 日均线附近。

单从这三根 K 线的表现来看就十分符合黄昏之星的技术形态要求。再加上 7 月 7 日的股价只是轻微冲破了 40.00 元价位线，距离前期高点还比较远，说明该股可能已经进入了下跌趋势之中，此次上涨只是一次突破失败的反弹。

对于依旧留在场内的投资者来说，这就是一次明确的警告信号，此时还未离场的投资者最好抓紧时间出局。

在后续的走势中，K 线连续两日收阴，跌到了 60 日均线附近，随后又一次形成了反弹，但高点明显再次降低，几乎是在围绕着 30 日均线运行。

直到 7 月中旬，K 线连续收阴，彻底下跌并跌破两条中长期均线，才正式确定了下跌趋势的到来。那么此时的场外投资者就不可以轻易介入，场内投资者则要及时止损出局。

1.1.6 看跌吞没线

看跌吞没线其实就是以一根长实体阴线向前覆盖住数根K线的形态，相较于看涨吞没线来说只有最后一根K线的阴阳之别，如图1-11所示。

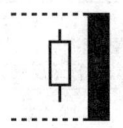

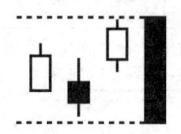

图1-11 看跌吞没线示意图

很显然，看跌吞没线常出现的位置是上涨行情或阶段的顶部，以及下跌趋势之中。它往往是股价上涨见顶的预示，或是横盘到后期彻底转入下跌的标志，对于投资者来说绝对算不上一个积极信号，反而是需要撤离的警告信号。

当然，看跌吞没线也可能存在信号失真的情况，但为了避免判断失误深度被套，投资者最好还是在大阴线出现后先行撤离观望。这种操作策略与遇到看涨吞没线是不一样的，投资者需要特别注意。

看跌吞没线的操作注意事项与看涨吞没线有些类似，具体如下。

◆ 形态的最后一根大阴线最好以实体向前包覆住数根K线的全部，如果只能以上下影线一同向前覆盖，也不会过于影响形态的看跌信号，只是会降低其可靠度。

◆ 有时候在看跌吞没线形成后，股价会出现反弹回抽的走势，但只要回抽高点没有突破大阴线的顶部，投资者依旧不可轻易介入。

下面进行实战分析。

实例分析

京投发展（600683）看跌吞没线形态应用

图1-12为京投发展2021年8月至12月的K线图。

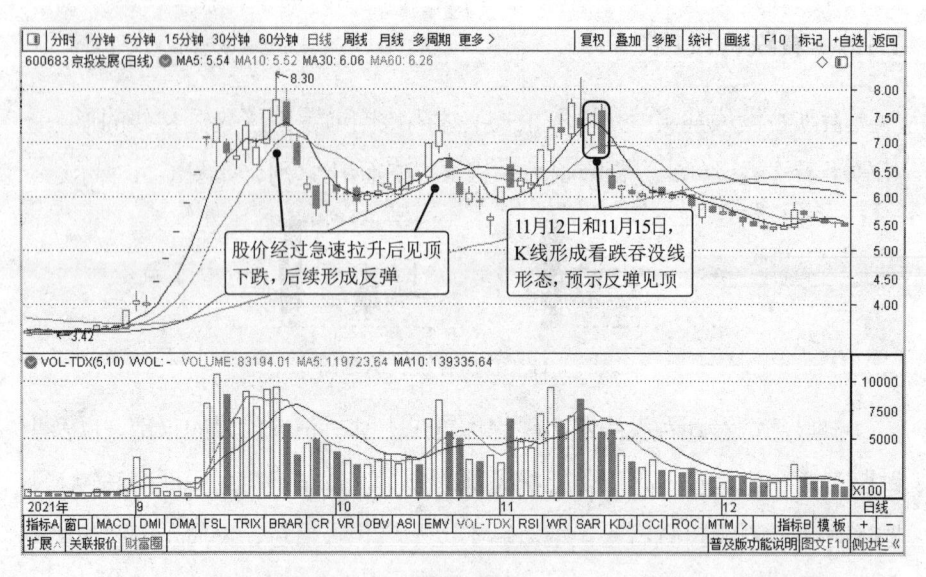

图1-12　京投发展2021年8月至12月的K线图

在使用看跌吞没线研判后市走向时，投资者不仅要观察当前的走势情况，有时候还要结合前期的走势进行综合分析。在京投发展的这段走势中，投资者就需要借助前期的股价走势，才能更好地分析出未来的走向。

从图1-12中可以看到，在2021年9月初，该股形成了连续的一字涨停，价格从4.00元价位线附近暴涨至7.00元价位线上方，短期涨幅十分惊人，此时也吸引了大量投资者参与其中。

但在此次暴涨结束后，该股就在7.00元价位线附近横盘震荡。后续虽然有过再次上冲，最高价也已经来到了8.30元价位线附近，但此时场内的助涨动能已经消耗殆尽，股价转势下跌，低点落到了6.00元价位线附近。

在此之后，该股横盘了一段时间，在30日均线的支撑下形成了一次小幅反弹，但距离前期高点尚远，后续再次收阴下跌，低点落到了60日均线附近。

股价止跌企稳后，又一次收阳上涨，成功突破了10月中旬的高点，但在接触到8.00元价位线后依旧冲高回落，当日收出了一根带较长上影线的小阴线。

11月12日，该股踩在7.00元价位线上收阳。到了11月15日，股价却在高开后迅速下跌，收出了一根大阴线，实体较长，成功向前覆盖住了11月12日的整根阳线，形成了看跌吞没线的形态。

结合前期股价在8.00元价位线上方受阻回落的走势，投资者基本可以判断出股价此次反弹不过转势下跌后，很可能就会彻底进入下跌趋势之中。除此之外，11月12日和11月15日的分时走势也能为投资者提供一些信息。

图1-13为京投发展2021年11月12日和11月15日的分时图。

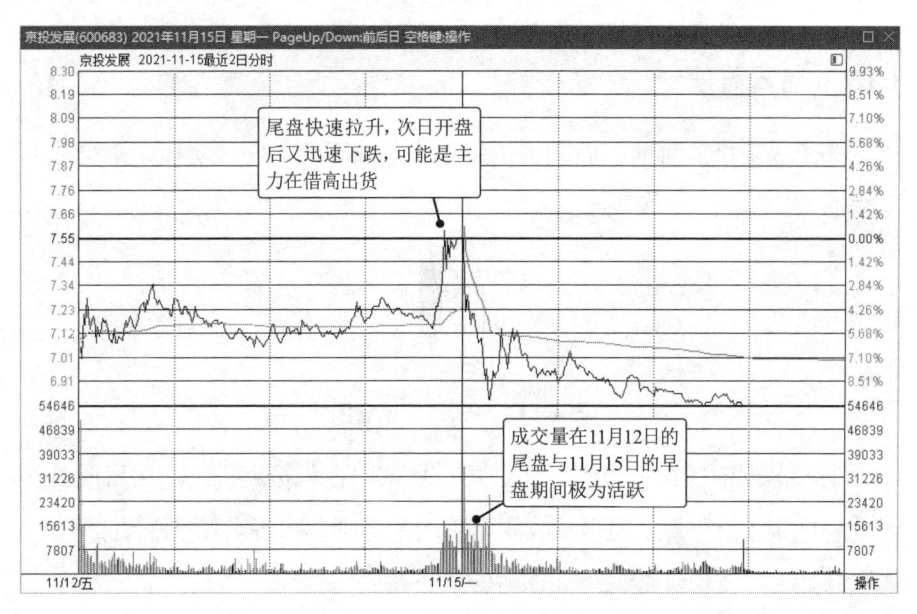

图1-13　京投发展2021年11月12日和11月15日的分时图

在11月12日，股价开盘后围绕着均价线横盘震荡了很长时间，直到临近收盘时，才被突然放大的成交量急速推涨向上，以3.99%的涨幅收出了一根阳线。

而在11月15日，股价却在开盘后急速下跌，半个小时不到的时间就跌出了9%以上的跌幅。虽然后续有反弹，但股价没能成功突破均价线的压制，随后就继续拐头下跌了，下午时段后更是跌到了涨停板上，最终封板收盘，当日收出一根大阴线。

这种在前一日尾盘急速拉升、次日开盘后迅速下跌的走势无疑是非常异常的。再加上这两段时间内成交量都非常活跃，投资者有理由怀疑这是主力为了在更高位置卖出兑利而进行的刻意推高和压低，目的是吸引投资者跟随买进，然后逐步散出手中筹码，达到出货目的。

结合看跌吞没线的卖出信号及投资者分析出来的主力撤离信息，该股后市发展大概率不容乐观，投资者最好在 11 月 15 日的大阴线形成之后迅速卖出，保住前期收益。

1.1.7 乌云盖顶

乌云盖顶是一种前阳后阴，由阴线自上而下深入阳线实体内部形成的反转形态，如图 1-14 所示。

图 1-14 乌云盖顶示意图

乌云盖顶中的第一根阳线代表着市场依旧在积极助推，而次日股价的高开也证实了这一点。但当日收阴下跌的走势则意味着市场推涨动能不足，卖盘开始发力压价，股价可能即将转入下跌。

当阴线处于阳线之上时，形态被称为乌云盖顶，但如果阴线处于阳线之下，二者依旧是呈交错状态，那么形态就被称作倾盆大雨。乌云盖顶和倾盆大雨的卖出信号基本一致，只是在阴阳线的上下位置关系上有所差别，投资者不用过于计较。

以下是乌云盖顶形态在使用时的一些注意事项。

- ◆ 乌云盖顶的阴线开盘价需要高于阳线的收盘价，而阴线的收盘价则需要深入阳线的实体内部一半以上，但也不能完全将阳线实体覆盖，否则就形成了看跌吞没线。
- ◆ 乌云盖顶形态的两根 K 线实体越长、影线越短，形态就越标准，释放出的卖出信号也就越强烈。

由于乌云盖顶只由两根K线构成，因此，有些时候传递出的信号强度并不大，可靠度也不算高，那么投资者就有必要借助其他指标或是分时走势中的信息来帮助共同研判。

接下来进入实例分析。

实例分析
财信发展（000838）乌云盖顶形态应用

在财信发展的这段走势中，看一下投资者是如何利用均线组合的走势及分时走势中的异常情况来构筑乌云盖顶形态，确定反转信号。

图1-15为财信发展2022年1月至4月的K线图。

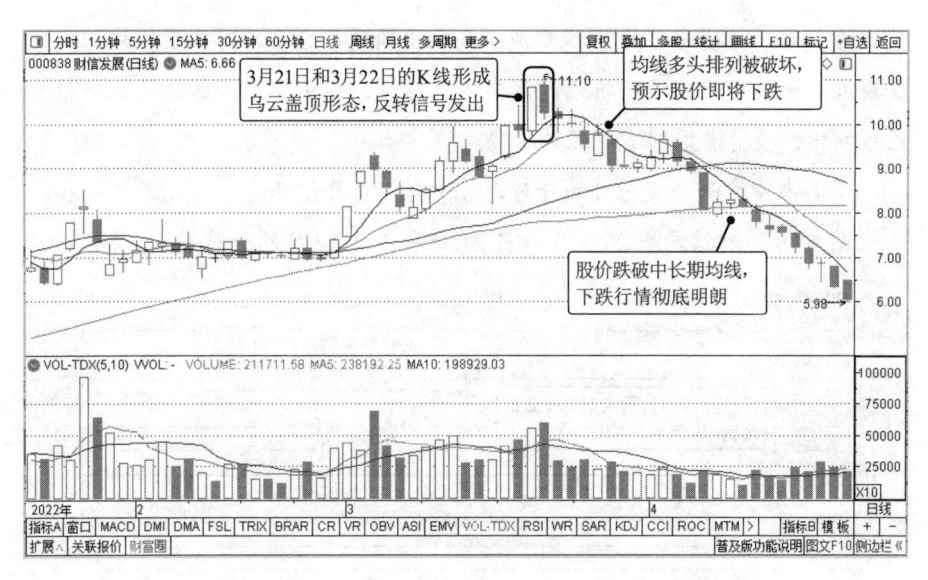

图1-15 财信发展2022年1月至4月的K线图

图1-15中展示的是财信发展一段涨跌行情转变的过程。从K线图中可以看到，该股在2022年1月到2月基本处于7.00元价位线附近横盘震荡，但随着60日均线的上扬靠近，很快变盘向上，在3月初形成了快速的拉升，并带动整个均线组合形成了多头排列的形态。

通过前面对空头排列拓展知识的讲解，投资者应该明白，均线组合的多头排列指的就是短期均线在上、中期均线居中、长期均线在下的一种积极的看多形态。

多头排列预示着股价在近段时间内涨势积极，只要形态没有被破坏，看涨信号就一直存在，投资者就可以一直持有。但是，一旦均线之间形成交叉，多头排列被破坏，信号就可能立即转变为卖出，因此，投资者可以重点关注该指标的走势。

3月，该股一直保持着波浪形上涨的走势，期间虽有数次回调，但都没有使得5日均线和10日均线之间形成交叉，30日均线和60日均线之间也保持着距离，多头排列一直在持续，投资者可以保持持有。

3月21日，该股还维持着积极的上涨。但在3月22日，股价就在高开后迅速回落，与前一日的K线形成了乌云盖顶的形态。此时来看均线组合，发现没有太大变化，多头排列的形态依旧持续，但由于乌云盖顶的反转信号已经发出，投资者依旧需要保持警惕。

下面来看这两个交易日的分时走势中有何重要信息。

图1-16为财信发展2022年3月21日和3月22日的分时图。

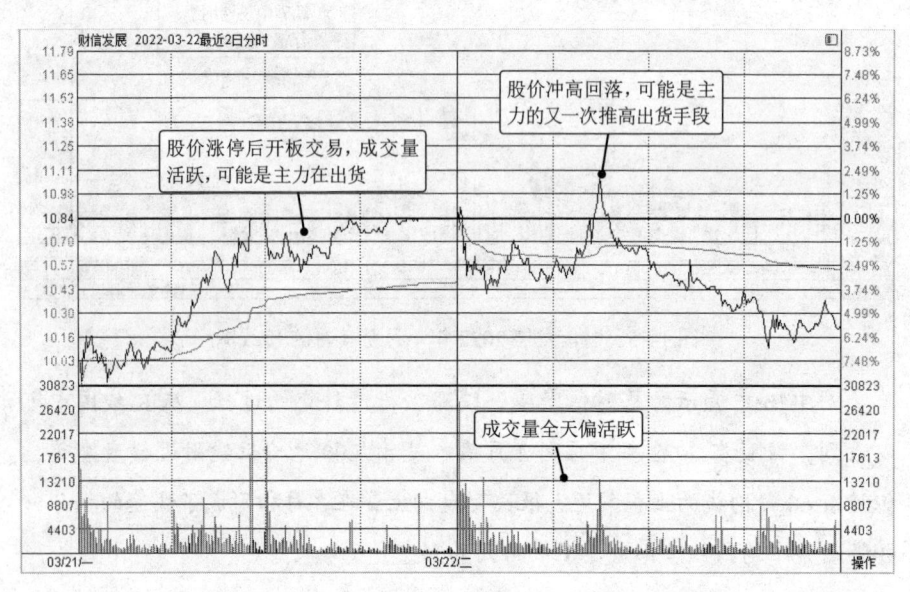

图1-16　财信发展2022年3月21日和3月22日的分时图

从 3 月 21 日的分时走势可以看到，该股在开盘后横向震荡了一段时间，随后于 10:00 左右迅速向上攀升，数十分钟后便来到了涨停板上，但并未停留太久就开始开板交易，形成高位震荡。

观察下方的成交量可以发现，在股价积极攀升和冲上涨停板的时候，都有大批成交单支撑价格上扬，这很大概率是主力在出手维持。再加上 K 线图中股价的位置已高，投资者可以怀疑这是主力推高出货的手段，因此，要保持一定的警惕之心。

3 月 22 日，股价高开后迅速回落到了均价线之下，随后形成横向震荡。10:00 之后，股价再次上冲，突破了前日高点，但很快就拐头下跌，落到了均价线之下，成交量在当天也是比较活跃的。

投资者借此可以更加证实自己的猜测，即主力很可能在不断地推高出货，待到其出货完毕，股价很可能会转入下跌。结合两个交易日 K 线形成的乌云盖顶形态，谨慎型的投资者可以先行离开了。

此时回到 K 线图中来观察，可以发现在乌云盖顶形成后，该股连续收阴下跌，很快便导致 5 日均线下穿 10 日均线，破坏了均线多头排列的形态。

而在后续的走势中，K 线落到 9.00 元价位线附近后小幅反弹，但并没有突破 10 日均线的压制，反而是继续收阴下跌，并连续跌破了两条中长期均线，彻底明确了下跌行情的到来，此时还未离场的投资者也要迅速止损出局了。

1.1.8　高位五连阳

高位五连阳就是形成在行情高位或是阶段高位的五连阳形态，如图 1-17 所示。

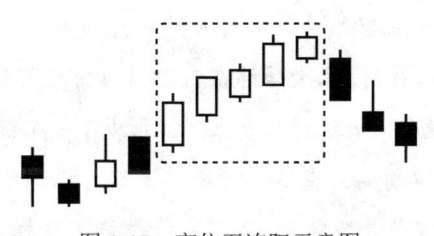

图 1-17　高位五连阳示意图

与低位五连阳一样，高位五连阳的重点也在五连阳的形态及形成位置上。它往往是股价最后一波上冲的产物，标志着多方在全力上攻，但在此之后就可能出现助涨动能消耗完全、空方接管市场的情况。

也就是说，在此之后股价可能很快就形成回调，或是彻底进入下跌之中。因此，高位五连阳虽然在短时间内走势积极，但从长期来看属于卖出形态。

对于短线投资者而言，有机会借助高位五连阳赚取这几日的涨幅收益，但对于中长期投资而言，最好还是在发现高位五连阳形成后，股价有转势迹象时根据当时的情况及时卖出，或减仓、或清仓。

下面介绍一些高位五连阳的形态应用注意事项。

◆ 整个五连阳形态的技术要求与低位五连阳是类似的，即期间最好不要出现十字星或一字涨停等特殊K线形态。

◆ 如果高位五连阳运行到后期，K线实体越来越小，或者影线越来越长，其见顶信号就会越来越强，因为这意味着股价涨势将尽。

一般来说，在同一只股票的某一段走势中，若先后出现了低位五连阳和高位五连阳，这两种形态的差别可能会比较明显，毕竟一个是从低位回升，一个是在高位急速拉升，这也为投资者提供了一定的判断依据。

下面来看一个具体的案例。

实例分析

山大地纬（688579）高位五连阳形态应用

下面通过山大地纬的这段走势来观察高位五连阳和低位五连阳的差别。

图1-18为山大地纬2023年3月至5月的K线图。

从图1-18中可以看到，山大地纬在2023年4月之前处于缓慢上涨状态。一直到3月中旬，股价开始连续收阳上涨，形成了一个低位五连阳形态。

从K线图中可以看到，在低位形成的连续五根阳线实体都不算大，上涨幅度也不大，仅仅是将股价从12.00元价位线下方拉升到了14.00元价位

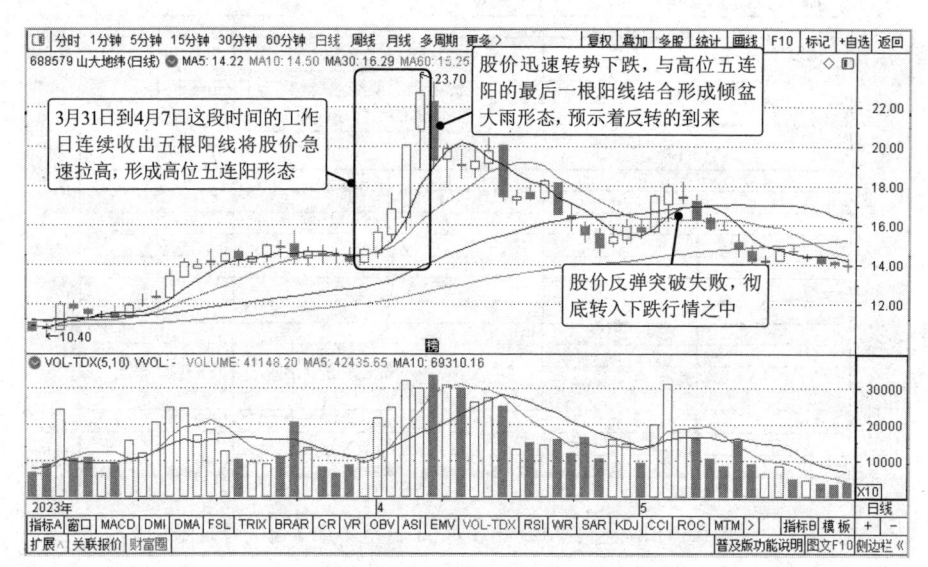

线附近，不过对于投资者来说是一个很好的介入机会。

图 1-18　山大地纬 2023 年 3 月至 5 月的 K 线图

待到该股在 14.00 元价位线附近横盘震荡一段时间后，从 3 月 31 日开始，该股又一次连续收阳。

此次连续上涨的幅度比前期的低位五连阳幅度大多了，K 线实体几乎是一日比一日大，到了第四个交易日，甚至已经接近涨停。但在 4 月 7 日，该股却形成了冲高回落的走势，阳线实体也大幅缩减，说明该股已经在急速上升之中耗尽了市场的推涨动能，后续有可能会转入下跌。

若投资者认为不能在 K 线图中分析出足够多的信息，还可以进入这五日的分时走势中细致观察。

图 1-19 为山大地纬 2023 年 3 月 31 日至 4 月 7 日的分时图。

从这五个交易日的分时走势可以发现，该股在前两个交易日的涨速还比较缓慢，越到后期上涨趋势越迅猛。

细心的投资者也可以发现，越到后期，该股冲高回落的频率也越高，价格总是在上涨到某一高位后回落收盘。这就说明该股上方是存在一定压力的，卖盘开始越来越强势。

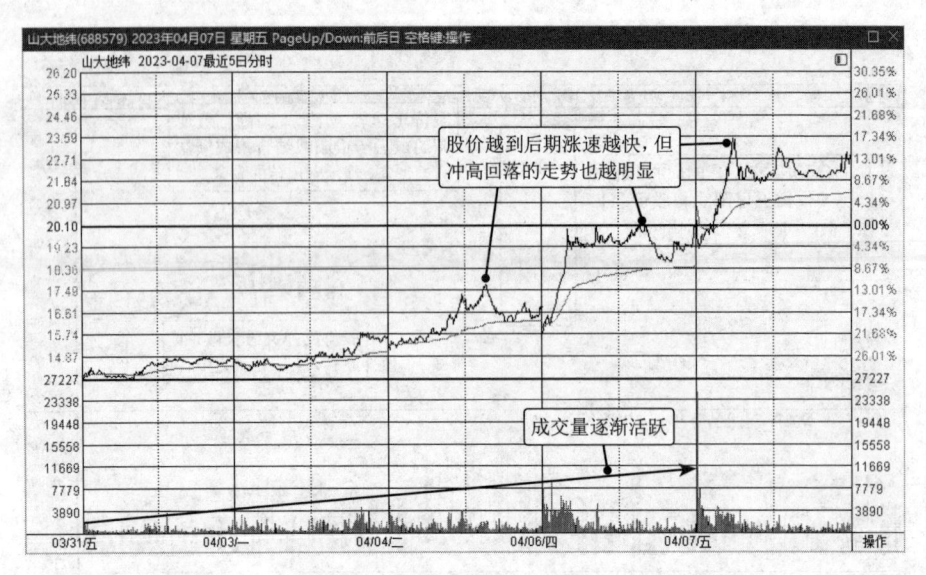

图1-19　山大地纬2023年3月31日至4月7日的分时图

这也不足为奇，因为随着股价的上涨，场内的短期获利盘会越积越多，同时也会有越来越多的投资者想要卖出兑利，导致股价反复上冲，但始终不能一举实现大幅突破。

而观察这五个交易日的成交量也可以发现，随着股价的抬高，成交量也逐渐变得更加活跃，说明市场交易频繁，买卖双方在不断交换筹码。但随着冲高回落走势的越发明显，卖方可能会占据更多的主动，那么股价转向下跌的可能性就越来越大了。

结合K线图中已经形成的高位五连阳走势，谨慎型的投资者需要及时止盈出局，保住前期收益。

回到K线图中来看，可以发现，在高位五连阳形成后的次日，该股就收出了一根下跌大阴线，与前面高位五连阳的最后一根阳线结合形成了倾盆大雨的形态。

该形态与前面介绍过的乌云盖顶释放的反转信号是一样的，进一步确定了高位五连阳的警告信号。再加上后期股价也出现了横盘后再次下跌的走势，此时还未离场的投资者要抓紧时间离场了。

在 4 月底，该股回落到 60 日均线附近后形成了一次反弹，但反弹的高点距离前期最高处很远，短时间内行情回归上涨的难度较大，投资者最好及时止损出局，避开后市更深的下跌。

1.1.9 下档盘旋

下档盘旋一般是形成于下跌途中的看跌形态，它的研判关键在于前后两根长实体阴线。第一根阴线需要下跌到某一支撑位，随后股价在该支撑位上反复横向波动，收出多根小实体 K 线，最后再由一根长实体阴线将支撑位跌破，完成形态的构筑，如图 1-20 所示。

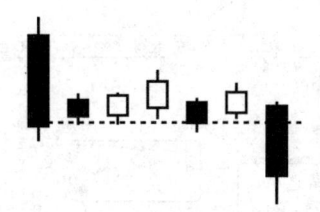

图 1-20　下档盘旋示意图

下档盘旋的形态大小主要取决于中间小实体 K 线的数量，不过一般来说不会持续太长时间。

它意味着股价在下跌过程中受到多方抵抗而形成了整理，但也只是横向整理，并没有更多的力量推进反弹。最后形成的下跌大阴线更是确定了下跌趋势的延续，对于投资者来说是一个非常明确的卖出信号。

以下是下档盘旋形态运用的注意事项。

◆ 一般来说，下档盘旋形态的前后两根阴线能够达到大阴线的标准最好，但如果没有，只要其相较于中间 K 线的实体来说明显更长也可以，形态依旧能够传递出卖出信号。

◆ 如果下档盘旋中的大阴线能够在跌破关键支撑线的同时也跌破中长期均线，就说明股价已经从高位回落，并且彻底进入了下跌趋势之中。已经离场的投资者不可再次介入，还未离场的投资者要抓紧时间离场。

由于下档盘旋是形成于下跌趋势之中的形态，在其之前必然已经经历过一次行情的反转，那么投资者完全可以借助反转的同时可能形成的看跌形态来辅助分析下档盘旋的走势，进而得出更加可靠的结论。

下面进入案例解析。

实例分析
常熟汽饰（603035）下档盘旋形态应用

在常熟汽饰的一段涨跌趋势变化的过程中，就出现了黄昏之星加下档盘旋的双重看跌形态。

图 1-21 为常熟汽饰 2023 年 1 月至 3 月的 K 线图。

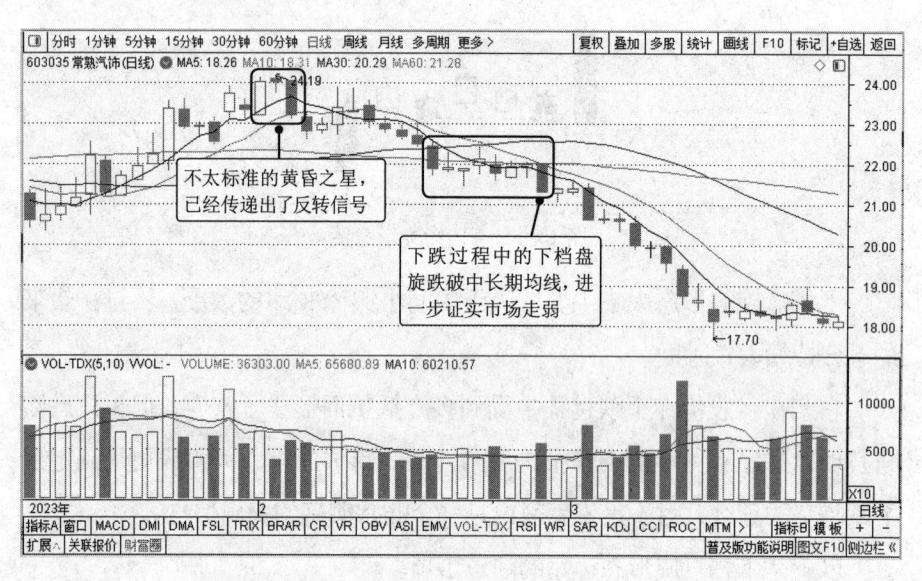

图 1-21　常熟汽饰 2023 年 1 月至 3 月的 K 线图

从图 1-21 可以看到，2023 年 1 月，股价的涨势还是比较稳定的，期间形成的回调幅度都比较小，K 线整体几乎踩在 5 日均线上并向上运行，此时吸引了不少投资者介入。

进入 2 月后，K 线继续收阳上涨，但次日却在 24.00 元价位线附近收出了一根小阴线，再往后一个交易日则收出一根长实体阴线，体现了股价积极上涨到停滞再到转势下跌的过程，属于黄昏之星形态。

而由于中间的小K线与前后两根K线的实体之间没有形成明显的跳空，这个黄昏之星显得没有那么标准，但依旧能够传递出反转信号。再加上后市股价下跌到23.00元价位线附近后反弹突破失败的走势，部分谨慎型的投资者已经在高位卖出了。

从后续的走势可以看到，2月中旬，K线连续收阴下跌到了22.00元价位线附近，在此止跌后形成了一段时间的横盘，期间形成的都是一些小实体K线。

2月底，该股以一根长实体阴线向下跌破了22.00元支撑线，此时股价已经跌破60日均线，回落到了整个均线组合下方，同时K线也构筑出了一个下档盘旋形态，发出了明显的下跌信号。

结合前期形成的黄昏之星形态，该股未来持续下跌的可能性非常大。那么一直在观望的投资者最好不要在近期介入该股，一直惜售不肯离场的投资者也要及时逢高出货止损了。

1.2　K线中继形态的预示信号

K线的中继形态指的是在持续的上涨行情或是下跌行情中形成的一些整理形态，这些整理形态一般预示着对原有行情的调整，是市场通过震荡整理情绪，加强看多或看空力度的表现。

之所以被称为中继形态，是因为它们并不会改变原有的运行趋势，在形态构筑结束后，股价将会沿着原本的涨跌走势继续运行。对于投资者来说，这些中继形态就是很好的低吸或是止损机会。

1.2.1　等腰、直角三角形

在股市中，三角形整理形态是很关键的一类中继形态，它主要包含了等腰三角形和直角三角形。其中，等腰三角形在涨跌趋势中的形态是一致的，都是股价震荡中的低点和高点分别朝着中间收敛，连接点位而形成的尖角朝右的三角形，只是股价的运行方向有所不同。

而直角三角形则会根据股价涨跌趋势的不同，分为上升三角形和下降三角形。

上升三角形是由股价在上涨整理过程中低点不断上移，但高点却在某一水平压力线附近反复受阻回落，连接点位而形成的一个尖角向右上方的直角三角形。

下降三角形则是由股价在下跌整理过程中高点不断下移，但低点却在某一支撑线附近反复止跌反弹，连接点位而形成的一个尖角向右下方的直角三角形。

图1-22从左到右、从上到下分别展示的是下降直角三角形、上升直角三角形、下降等腰三角形和上升等腰三角形。

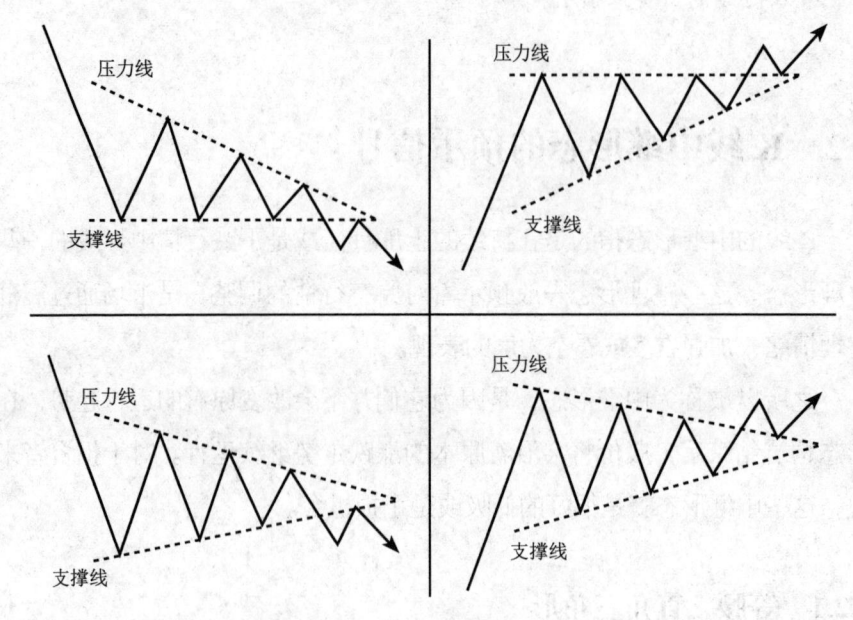

图1-22　直角三角形（上）和等腰三角形（下）示意图

以下是一些三角形整理形态需要注意的点。

- 在所有的三角形整理形态中,股价都需要在每条边线上分别落点三次,才能确定形态的有效性,这一点在图1-22中已经明显有所体现。但需要注意的是,股价并非在每条边线上停留三次后就会立刻突破或跌破形态关键线,三次只是下限,并非上限。
- 当股价突破或跌破关键线后,可能会形成回抽,这只是对突破或跌破有效性的一次确认,只要价格没有回归到原有中继形态之中,投资者就可以不必理会,继续执行买进或卖出操作。

接下来进入实战操作。

实例分析

精华制药(002349)下跌趋势中的等腰三角形

图1-23为精华制药2022年3月至8月的K线图。

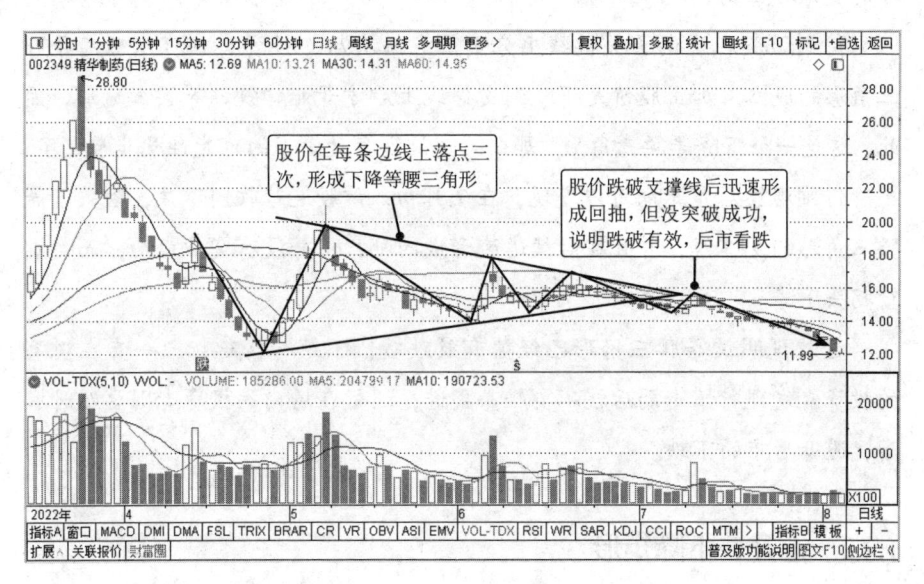

图1-23 精华制药2022年3月至8月的K线图

从图1-23中可以看到,本案例选用的是精华制药一段下跌行情中的等腰三角形形态。2022年3月下旬,该股涨势相当迅猛,K线几乎每日都收出长实体阳线,一路将股价拉升至26.00元价位线附近。

不过再往后一个交易日，该股虽然急速上冲创出了 28.80 元的阶段新高，但当日后期却是快速下跌，收出了一根大阴线，开启了行情的反转。

在后续的走势中，股价迅速下跌，于 4 月底来到了 12.00 元价位线附近，短期跌幅极大，速度也比较快，导致许多投资者没有来得及借高卖出，只能被套场内。

不过后续该股在 12.00 元价位线上得到支撑后形成了一次强势的反弹，一直上升到了 20.00 元价位线附近后才下跌，形成冲高回落走势。此时，被套投资者就可以借助该高位迅速卖出止损了。

在此之后，股价反复震荡，分别在 14.00 元价位线附近及上方形成了两个回落低点，而反弹的高点却在不断下移，整个震荡走势呈现出向中间收敛的状态。分别连接低点和高点，可以得出两条关键线，分别形成了对整理阶段的支撑和压制。

待到该股在这两条关键线上分别落点三次后，投资者就可以确定等腰三角形的成立。加上股价是下跌到支撑线上后才开始构筑的等腰三角形，因此，这是一个下降等腰三角形，那么后市该股变盘向下的可能性就非常大了。

仔细观察后市走向可以发现，在 7 月初，该股连续收阴下跌，跌破了等腰三角形的支撑线，并且在后续迅速形成回抽，但并没有突破成功，而是继续拐头下降。

这就说明该等腰三角形已经被有效跌破，下跌行情延续，一直在观望的投资者发现行情走弱后就不要轻易买进，还留在场内的投资者则要及时撤离，避开后市的下跌。

1.2.2 上升、下降矩形

矩形形态很好理解，就是股价上升和下降到一定位置后，受到一条水平压力线和一条水平支撑线的限制，反复在某一价格区间内震荡产生的整理形态。

根据形态所处行情不同及股价的运行方向，可将其分为上升矩形和下降矩形，分别形成于上升行情和下降行情之中，如图1-24所示。

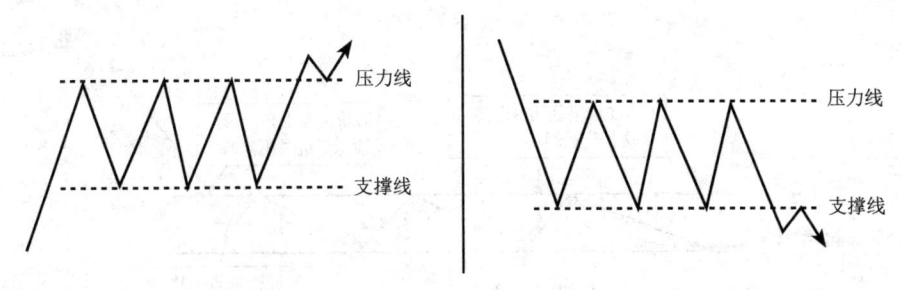

图 1-24　上升（左）和下降（右）矩形示意图

上述两种矩形形态一般都预示着股价将会在变盘后沿着原有趋势运行，但也不排除个股有时候会利用这种形态筑顶或筑底最后变盘转势的情况，因此，投资者在使用时不能一味按照理论进行操作。

在使用上升或下降矩形时，投资者要注意以下两点。

- 与三角形这类形态不同，股价只需要在矩形的上下边线各停留两次，即可宣告形态成立（当然三次最好）。
- 股价在突破或跌破矩形形态之后，可能会形成一次回抽，但只要回抽不过原有支撑线或压力线，投资者就可以不必理会，该买进的买进，该撤离的撤离。

有些时候，股价在矩形震荡期间，高点和低点并不会准确地落到上下边线附近，不过只要差距不大，投资者都可以将其视作边线落点。但在一些特殊的位置，比如即将突破和跌破时，股价高点或低点发生移动，就可能是市场趋势即将变盘的预兆，投资者要学会利用这些预兆提前进行判断。

下面进入实战讲解。

实例分析

京城股份（600860）上涨行情中的上升矩形

图1-25为京城股份2020年11月至2021年4月的K线图。

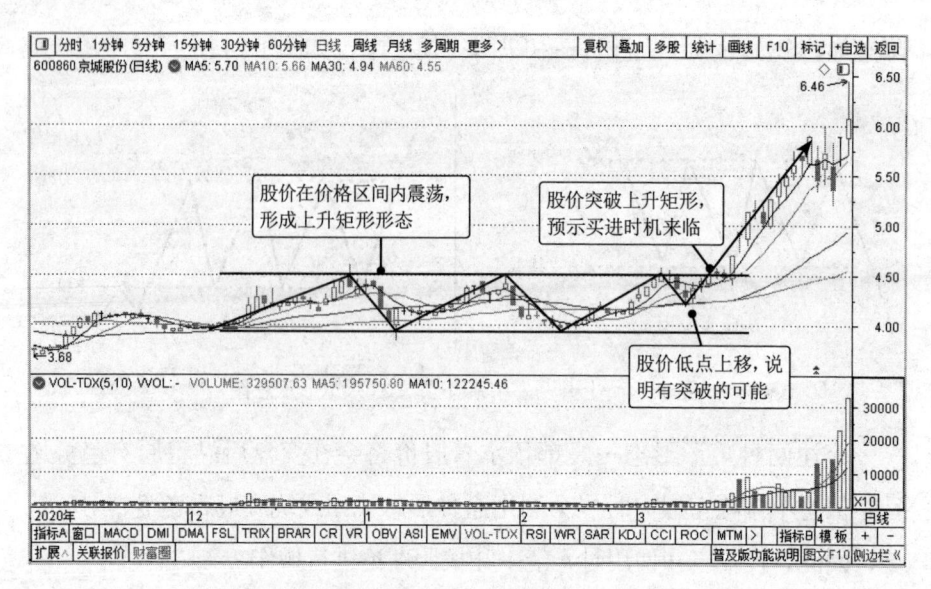

图1-25 京城股份2020年11月至2021年4的K线图

从图1-25中可以看到，京城股份的股价从2020年11月下旬来到4.00元价位线附近后，就进入了走平之中。

12月初，该股回落到4.00元价位下方止跌企稳后开始向上攀升，经过震荡后来到了4.50元价位线附近，在此受阻后快速下跌，再次回落到了4.00元价位线附近。

在后续的走势中，股价反复在4.00元到4.50元的价格区间内横向震荡，其高点和低点分别在边线上落点两次，形成了矩形形态。结合该股之前的上涨趋势，可以初步判断这是一个上升矩形，那么该股后市就更有可能会继续向上运行，投资者要特别注意。

进入2021年3月后不久，该股回落到了30日均线和60日均线附近，在此得到支撑后就直接回升了，低点相较于4.00元价位线有明显的抬升，说明该股很有可能即将突破该形态。京城股份的这个上升矩形就是一个继续向上运行的信号。

从后续的走势可以看到，该股确实在数日后向上接近了4.50元价位线，并在此横盘数日后收出一根大阳线，成功向上突破了该压力线，进入了持续的上涨之中。

反应快的投资者已经在该股低点上移的过程中买进了，谨慎型的投资者在发现股价进入持续上涨阶段后也要迅速跟进，抓住后续涨幅。

1.2.3 旗形和楔形

旗形和楔形都属于涨跌行情中的整理形态。其中，旗形是指股价在震荡整理的过程中高点和低点同步上移或下移，分别连接两边点位形成的边线基本是平行的，整个形态像一面旗子。楔形是指股价在震荡整理的过程中，低点和高点也在同步上移或下移，但分别连接点位形成的边线却是微微向中间收敛的，形成的形态就像一个楔子。

根据二者形成时行情走势的不同，可分为上升（下降）旗形和上升（下降）楔形。图1-26从左到右、从上到下展示的就是下降旗形、上升旗形、下降楔形和上升楔形。

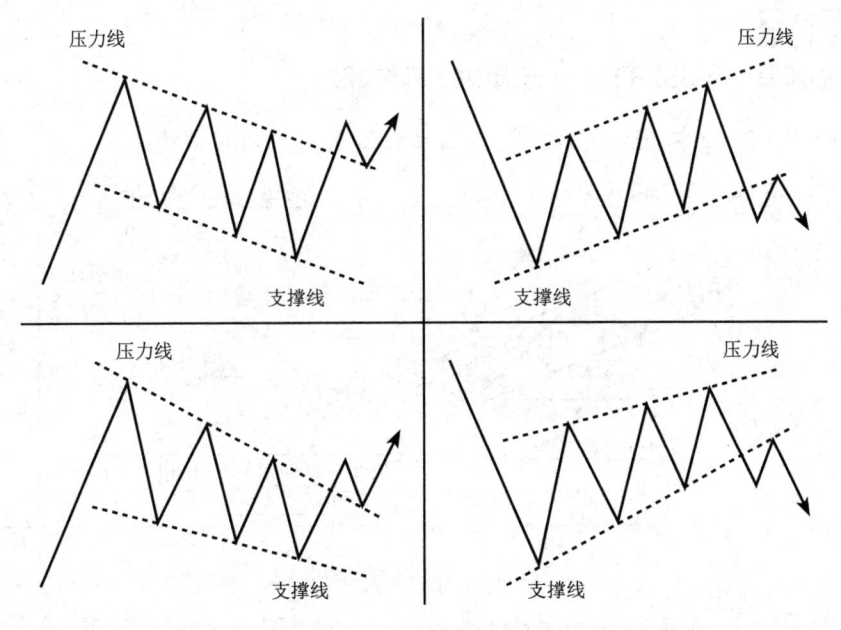

图1-26　旗形（上）和楔形（下）示意图

注意，旗形和楔形与前面介绍的三角形和矩形不一样，在上升行情中形成的旗形和楔形分别是下降旗形和下降楔形，它并不意味着股价在此之后会进入下跌行情，而是指股价在整理过程中呈现的走势是下降的。

同样的，在下跌行情中形成的旗形和楔形分别是上升旗形和上升楔形，说明股价在反弹过程中形成的形态整体是向上的。

以下是旗形和楔形的使用注意事项。

- 与矩形形态一样，股价只需要在旗形和楔形的上下边线上各停留两次，就可以宣告形态成立了。
- 有些时候，旗形和楔形的构筑时间较长，回调或反弹的幅度也比较大，持股时间较短的投资者甚至可以利用这段震荡进行波段低吸高抛操作，但一定要注意仓位管理和风险控制。

下面来看一个实战。

实例分析
幸福蓝海（300528）上涨行情中的下降旗形

图1-27为幸福蓝海2022年11月至2023年4月的K线图。

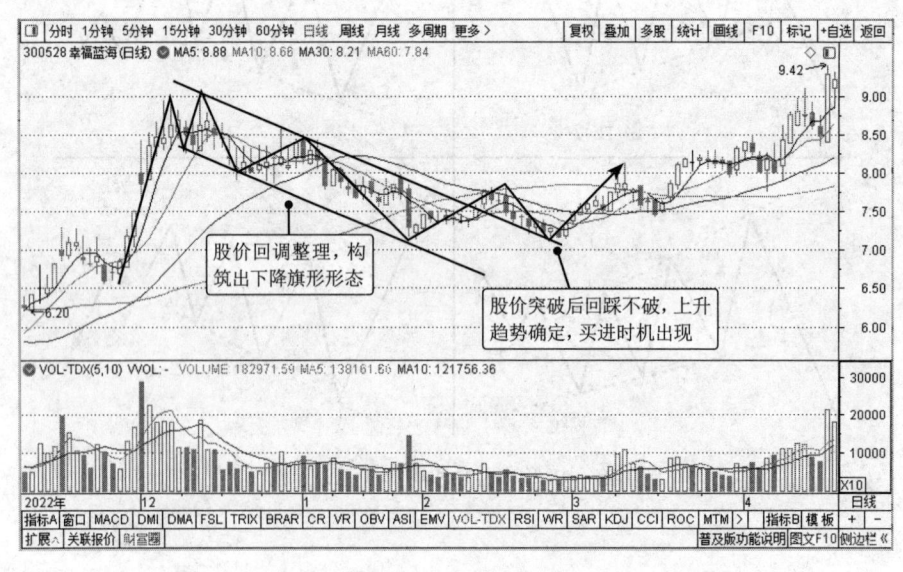

图1-27 幸福蓝海2022年11月至2023年4月的K线图

在幸福蓝海的这段走势中，股价形成的是一个下降旗形。从图 1-27 中可以看到，该股在 2022 年 11 月还处于震荡上涨阶段，尤其是在 11 月底到 12 月初的这段时间内股价的涨速相当快，价格从 6.50 元价位线附近拉升至 9.00 元价位线上，只用了数日时间。

不过，该股在 9.00 元价位线上受到阻碍后就回调落到了 8.50 元价位线下方，随后持续震荡，高点开始不断下移。与此同时，股价的低点也在持续向下运行，分别将高点与高点、低点与低点相连，即可得到两条近乎平行的边线，可以看出该股正在构筑下降旗形形态。

而且从该股的走势来看，此次回调的幅度不小，谨慎型的投资者还是以率先出局观望为佳，惜售型的投资者也最好降低仓位，抛售一部分筹码。

到了 2023 年 1 月底，该股已经下降到了 7.00 元价位线附近，再次得到支撑后继续向上攀升，而高点却成功突破到了下降旗形的上边线之外。该股在后续对该压力线形成了一次回踩，没有跌破，于是投资者基本可以判断出该股已经回归到了上升趋势之中。

此时，激进型的投资者已经可以在该低位建仓买进了；谨慎型的投资者如果发现该股成功突破中长期均线并踩在其上方持续上行后，也可以跟随入场。

1.3　K 线筑顶与筑底形态波段应用

K 线的筑顶与筑底形态类型很多，一般都是形成于行情顶底部或是阶段顶底部的反转形态。但与前面的数根 K 线预示反转的走势不同，这些形态的构筑时间偏长，一般都在一个月以上，因此，更具有说服力，信号可靠度也会大大增强。

不过正因如此，筑顶与筑底形态也更加考验投资者的分析和寻找形态的能力，下面就针对一些常见的筑顶与筑底形态进行详细解析。

1.3.1 倒 V 形顶

倒 V 形顶也常被称为尖顶，它是股价在经历短期迅猛上涨后触顶回落，形成的一个比较快速的反转形态，宛如一个尖塔，如图 1-28 所示。

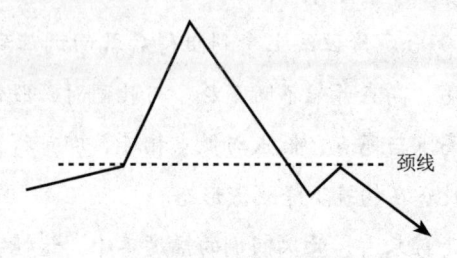

图 1-28 倒 V 形顶示意图

一般来说，倒 V 形顶的构筑时间不会超过一个月，短的甚至只有一到两周，因为股价迅猛暴涨后再暴跌的走势无法维持太长时间。

显然，该形态留给投资者的撤离时间也不会太多，这就十分考验投资者的反应速度和决断能力了，毕竟不是所有投资者都能在第一时间判断出这是倒 V 形顶，而不是一次普通回调。

当然，普通投资者也并不是遇到该形态就一定会被套，该形态有一个关键研判点，即颈线。颈线就是以股价暴涨的初始位置为基点作出的水平线，一旦该股向下跌破该支撑线，倒 V 形顶就宣告成立了，投资者就可以得到一个明确的卖出时机提示。

当然，此时投资者可能已经有所损失了，但为了避免深度被套，该离场的还是需要止损离场。如果股价在后期形成了反弹回抽，那么回抽的高点也可以作为投资者的卖点。

下面来看实战解析。

实例分析

国晟科技（603778）倒 V 形顶形态应用

图 1-29 为国晟科技 2021 年 3 月至 8 月的 K 线图。

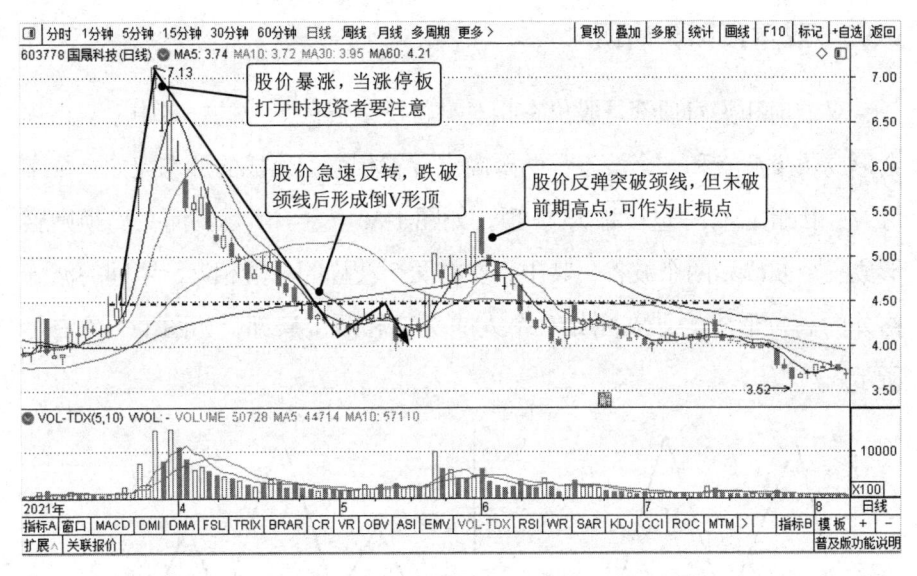

图1-29　国晟科技2021年3月至8月的K线图

从图1-29中可以看到，国晟科技的股价在2021年3月上旬还处于4.00元价位线附近横向震荡，但在3月下旬，该股突破4.50元价位线后就开启了连续的涨停，一直冲到了7.00元价位线附近才打开涨停板，开始频繁交易。

这种异常的暴涨是不太常见的，而且在这种暴涨之后，由于获利盘的集中撤离，往往会导致股价形成快速的下跌，这也是倒V形顶最常见的成因之一。因此，投资者在发现涨停板打开，股价有所下跌时就要注意了。

从后续的走势可以看到，该股在后续确实出现了迅速的下跌，在连续跌停后，该股彻底进入下跌趋势之中。

到了4月底，该股已经连续收阴，并直接跌破了4.50元价位线，也就是前期股价暴涨的初始价位线，宣告倒V形顶成立。并且该股在4.00元价位线上得到支撑反弹后没有成功突破4.50元价位线，说明上方压力较强，该股可能在短时间内很难有更好的表现。

不过从后续的走势可以看到，该股在5月中下旬形成了一次比较强势的反弹，但高点也只是靠近了5.50元价位线，距离前期的顶部还很远，远远达不到重归上涨行情的程度。因此，投资者只能将该高点视作止损点，尽快借高出局，避开后市的下跌。

1.3.2 双重顶和头肩顶

双重顶和头肩顶都是股价在相对高位反复震荡形成的。其中，双重顶会形成两个波峰和一个波谷，两个高点位置相近，形成的形态宛如一个字母 M，因此，有时也被称为 M 顶，如图 1-30（左）所示。而头肩顶则会形成三个波峰和两个波谷，其中，左右两个波峰的位置相近，中间的波峰格外的高，形成的形态宛如一个人的头部和两个肩部，如图 1-30（右）所示。

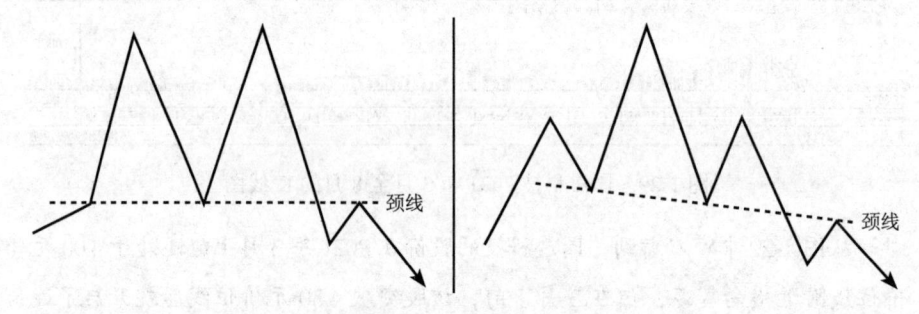

图 1-30 双重顶（左）和头肩顶（右）示意图

两个筑顶形态的颈线是不一样的，双重顶的颈线是以唯一的波谷为基点作出的水平线；头肩顶的颈线则是连接两个波谷形成的一条直线，有时候是水平的，有时候可能向下或向上倾斜，这都是正常的，并不影响形态的判定。

以下是两个筑顶形态的使用注意事项。

- ◆ 双重顶的两个波峰之间的距离最好在一个月左右或是超过一个月，这样形态才足够标准。而头肩顶的波峰之间则不需要保持太远的距离，只要整个形态构筑时间超过一个月就可以。
- ◆ 股价在跌破颈线后可能会形成回抽，很多时候是回抽不过的。但如果有的个股形成了强势反弹，回抽越过了颈线，那么只要反弹的顶部不超过前期高点，看跌信号就依旧成立，只是没有那么强烈，具体策略还要根据具体走势来分析。

一般来说，双重顶常见于行情的顶部，尤其是大行情，但投资者也不能排除它在一些阶段顶部的作用。

接下来就进入实战演练。

实例分析

北陆药业（300016）双重顶形态应用

图 1-31 为北陆药业 2022 年 10 月至 2023 年 2 月的 K 线图。

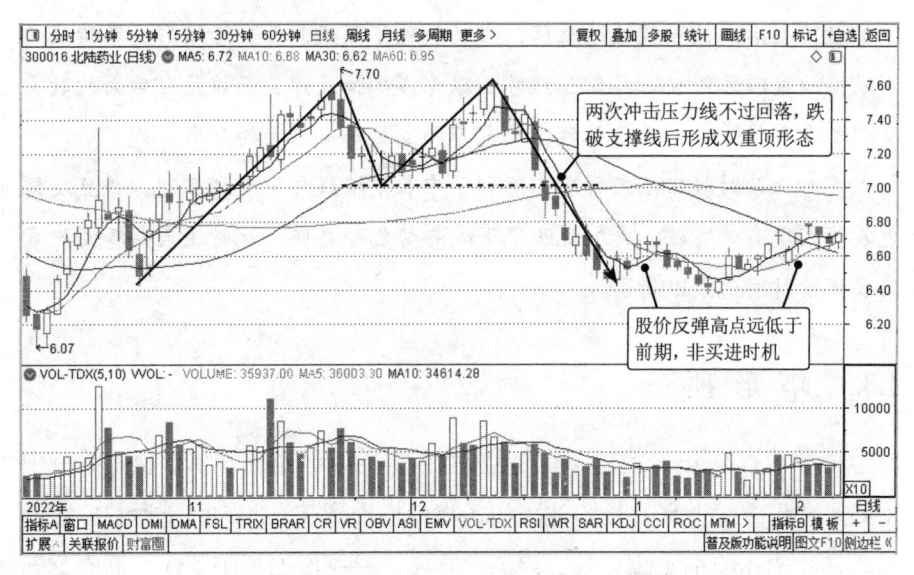

图 1-31　北陆药业 2022 年 10 月至 2023 年 2 月的 K 线图

北陆药业这一段走势中的双重顶就是一个下跌趋势中的反弹双重顶，只要利用得好，投资者依旧可以借此低吸高抛，完成波段操作。

在 2022 年 10 月，该股刚从下跌趋势中缓过来，开始形成强势反弹，从中长期均线的走势也可以看出，该股前期确实是长期被压制在其下方。

不过在创出 6.07 元的阶段性低价后，K 线就开始连续收阳上涨，一路冲到了中长期均线之上，并在一次回调结束后继续上扬，最终于 11 月下旬来到 7.60 元价位线上方。

该股在此冲高收出一根带长上影线的阴线后开始回落，低点落在了 7.00 元价位线上。止跌震荡了一段时间后，股价再次回升上涨，在 12 月中旬再次来到了 7.60 元价位线附近，但依旧没能突破成功，很快就转势向下继续下跌了。

此时，反应快的投资者已经看出了双重顶的雏形，并且判断出它的颈线就是 7.00 元价位线。那么很显然，当该股跌破颈线时，双重顶就形成了，同样的，明确的卖出信号也会发出。谨慎型的投资者可以先行借高卖出，惜售型的投资者可以等待颈线被破位的时刻。

数日之后，该股就连续收阴，成功跌破了颈线，并在后续形成了持续的下跌，一直回落到 6.40 元价位线才止跌形成小幅反弹。而该股在后面的数次反弹都没有越过 6.80 元价位线，离前期高点更是有很大的距离。

再加上此时股价已经再次回落到了中长期均线之下受到压制，并且反弹也没能实现有效突破，更加说明了下跌趋势已经再现，此时还未离场的投资者要抓紧时间止损出局了。

1.3.3 塔形顶

塔形顶就像是一个变形版的下档盘旋，与其区别在于塔形顶的第一根 K 线是一根继续上涨的长实体阳线，将价格推到某一压力线上后，K 线反复震荡收出连续小实体 K 线，然后再在某一时刻突然收阴下跌，彻底落到压力线下方，构筑出一个平坦的塔顶形态，如图 1-32 所示。

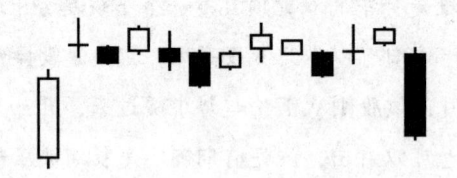

图 1-32 塔形顶示意图

一般来说，塔形顶的构筑时间不会太久，毕竟 K 线很难在某一条价位线附近维持太长时间的横盘小幅震荡。因此，形态留给投资者的反应时间也比较短。但由于其辨识度较高，投资者还是有机会进行提前预判的，不过这对投资者的分析能力要求较高，普通投资者还是要在塔形顶彻底成立之后才能够作出决策。

下面是投资者在使用塔形顶时需要注意的一些关键点。

- ◆ 塔形顶的顶部位置最好保持水平，但如果有时候形成了震荡，只要幅度不大，也可以将其忽略。
- ◆ 塔形顶两端的 K 线实体越大，形成的反转信号越强烈。尤其是后期下跌的阴线，其实体越大，看跌信号越强。
- ◆ 标准的塔形顶前后两根长实体 K 线的实体需要与中间的小 K 线实体之间形成跳空，但实战中如果没有形成跳空，也是可以判定形态成立的。

下面来看实战解析。

实例分析

昊华科技（600378）塔形顶形态应用

图 1-33 为昊华科技 2021 年 7 月至 11 月的 K 线图。

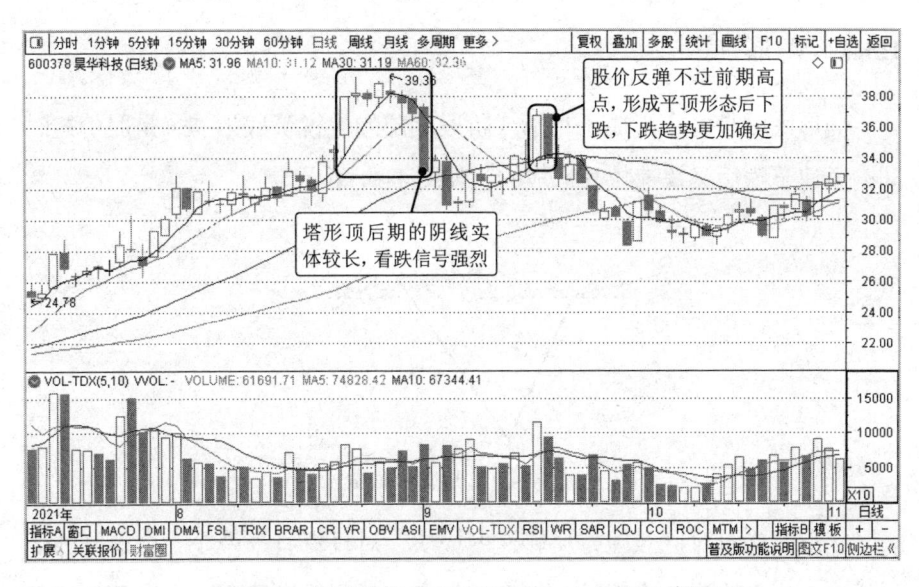

图 1-33　昊华科技 2021 年 7 月至 11 月的 K 线图

从昊华科技的这段走势中可以看到,该股在 2021 年 7 月到 8 月的上涨趋势相当积极,整个均线组合呈现出多头排列的形态持续上扬,并且中间没有被破坏过,进一步证实了涨势的稳定性较强。

8 月下旬,该股收出一根长实体阳线向上接触到了 38.00 元价位线。但后续 K 线却在该价位线附近横向震荡,连续收出数根小实体 K 线,有形成塔形顶的可能。

数日之后,该股收阴小幅下跌,并在 9 月初急速下坠收出了一根大阴线,彻底跌到了两条短期均线之下,低点已经快要接触到 30 日均线,与前期的大阳线和连续小 K 线结合形成了塔形顶的形态。再加上当日跌幅确实较大,反转信号相当强烈,谨慎型的投资者已经可以借高卖出,随后观望了。

从后期的走势可看到,该股最终还是跌破了 30 日均线,不过在 30.00 元价位线上受到支撑后形成了一次反弹。

但此次反弹的高点只是小幅越过了 36.00 元价位线,并没有超过前期高点。而且股价在形成一个平顶形态后(也是一个典型的反转形态),就再次跌到了 30 日均线之下,在 9 月底还跌破了 60 日均线,下跌趋势更加明显了,这些信号都催促着投资者及时撤离。

1.3.4 V 形底

V 形底就是一个形成于行情或阶段底部的尖锐筑底形态,是股价短时间内急速下跌后又快速拉升形成的,如图 1-34 所示。

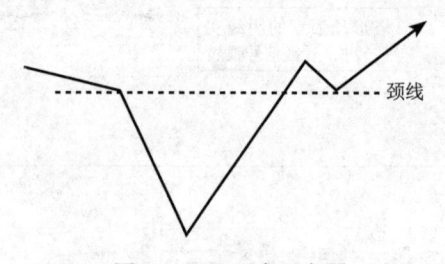

图 1-34 V 形底示意图

V 形底构筑时间较短,反转速度极快,对投资者来说是一个很好的低吸机会,当然也是一个考验,毕竟投资者一般很难准确判断出真正的底部与有限反弹前夕的区别。

与倒 V 形顶一样，V 形底的颈线也在股价开始加速下跌的初始位置，以该点作为基点作出一条水平线，就能借助股价对该压力线的突破形态来确定买进时机。

但在很多时候，股价在突破颈线前后会形成一定幅度的震荡，这是很正常的，因为市场在经过快速拉升后需要试探下方的支撑力是否充足，同时还要促进场内筹码交换，才开始下一波的推涨。

因此，谨慎型的投资者可以不着急在颈线附近买进，而是当下一步拉升彻底确定后才入场。而激进型的投资者则可以先尝试在低位建仓，然后在第二波拉升确定后加仓。

下面来看一个案例。

实例分析

永和股份（605020）V 形底形态应用

图 1-35 为永和股份 2022 年 3 月至 7 月的 K 线图。

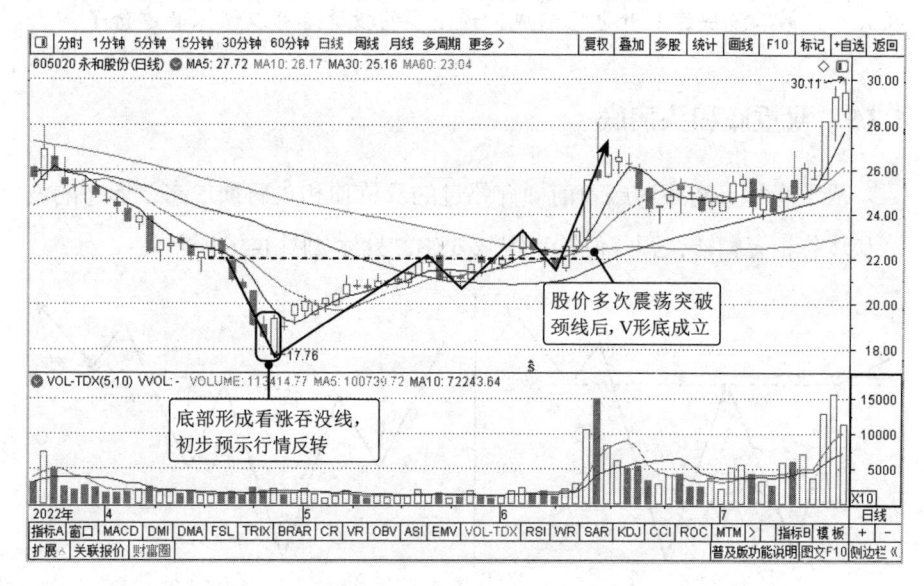

图 1-35　永和股份 2022 年 3 月至 7 月的 K 线图

从永和股份的这段走势可以发现，该股很早之前就开始下跌了，K线长期处于中长期均线之下。

进入 4 月后，该股在 22.00 元价位线附近得到支撑，形成了一段时间的横盘。但在 4 月中旬之后，K 线还是连续大幅收阴下跌，加速了原有的下跌走势，一直跌到 18.00 元价位线附近才止跌并收阳回升。

仔细观察股价在该支撑位附近的表现，可以发现该股在创出新低的当日收出的大阳线成功向前吞没了一根中阴线，形成了一个看涨吞没线形态，预示着趋势可能会发生反转，同时也提醒投资者要开始关注该股了。激进型的投资者可以在此尝试建仓，但要注意仓位管理。

在后续的走势中，该股开始连续收阳上涨，一直上升至 22.00 元价位线附近才受阻形成了一次回调，低点落在 30 日均线上得到支持后再次上冲，成功突破到了 22.00 元价位线以上。

但后续该股在 60 日均线上方受阻再次下跌，踩在 22.00 元价位线附近止跌企稳后再次大幅上升，彻底将压力线突破。

此时投资者已经可以明显看出 V 形底的形态了，并且此时的 V 形底已经成立，第二波快速拉升也已形成，谨慎型的投资者可以试探着建仓了。

1.3.5 双重底和头肩底

双重底和头肩底对应着前面介绍过的双重顶和头肩顶形态，形态的波峰和波谷相应翻转，颈线位置也跟随变化，具体如图 1-36 所示。

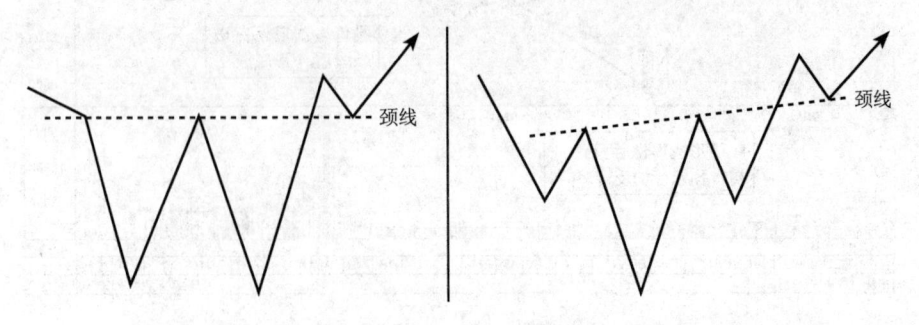

图 1-36 双重底（左）和头肩底（右）示意图

双重底和头肩底的形成位置在阶段底部和行情底部，波峰波谷之间的位置、高低关系和构筑时间要求都与双重顶和头肩顶类似，这里不再赘述。

需要注意的是，股价从底部反转为上涨行情需要的能量会比反转下跌需要的量能大得多，因此，趋势可能不会发展得如投资者想象的那般顺利。股价很有可能在后续继续形成震荡，数月后才进入真正的上涨。

所以，投资者要有一定的耐心，一旦发现稳定的上涨得不到保证，就应及时出局观望，等待正式上涨的到来。

下面来看实战案例。

实例分析

宏昌科技（301008）双重底形态应用

图1-37为宏昌科技2022年9月至2023年2月的K线图。

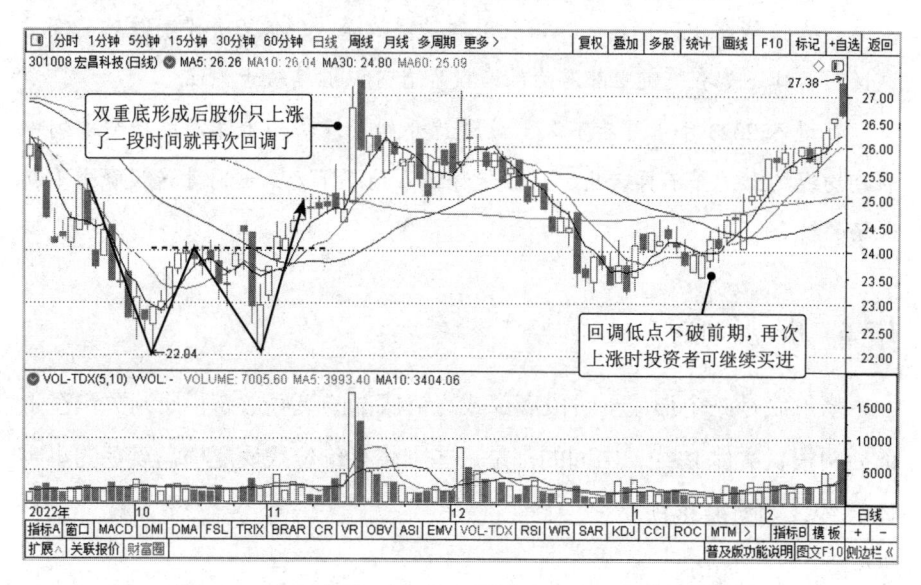

图1-37　宏昌科技2022年9月至2023年2月的K线图

在宏昌科技这段走势中形成的双重底就像前面理论中介绍的那样，股价在后续形成了长时间的震荡，投资者借此案例也可以进一步学习自己在实战中遇到这种形态时应该采用的应对策略。

从图 1-37 中可以看到，该股在 2022 年 9 月底形成了快速下跌，一直跌到 22.00 元价位线上才止跌并形成快速反弹。不过此次反弹的高点在 24.00 元价位线上受阻，股价横盘一段时间后继续下跌，低点再次回落到了 22.00 元价位线上，随后再次连续收阳上涨，形成了双重底的雏形。

进入 11 月后不久，该股成功向上突破了 24.00 元价位线，也就是该双重底的颈线，不仅宣告了形态成立，也在提醒投资者可以买进。

但从后续的走势中可以看到，该股成功突破中长期均线的压制后收出了一根长实体阳线，但在次日就收阴下跌了，进入长时间的回调之中。

这段时间内股价的震荡幅度还是比较大的，并且上涨趋势性并没有很强，投资者继续持有的风险较大，毕竟谁也无法确定该股后市会不会回归下跌，因此，投资者还是最好在高位及时卖出观望。

12 月下旬，该股已经跌到了 23.50 元价位线附近，在此终于止跌并横盘震荡。从 K 线图中可以看到，该股虽然跌幅较深，但低点并没有跌破前期，这说明后续还是有一定上涨潜力的，投资者可以继续给予关注。

在进入 2023 年 1 月后不久，该股就开始持续收阳上涨，成功突破到中长期均线之上，并不再回头，上涨趋势终于稳定下来，这时才是投资者重新入场的机会。

1.3.6 塔形底

塔形底是一个形成于阶段底部或行情底部的筑底形态，研判关键在于前后两根长实体 K 线，中间的都是一些围绕某价位线反复横盘震荡的小实体 K 线，如图 1-38 所示。

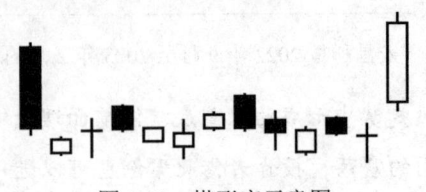

图 1-38 塔形底示意图

塔形底的形成位置比较自由，有时候股价只是在小幅下沉后横盘震荡，也可能会构筑出塔形底。因此，该形态在短期内是看跌的，但从长期来看，只要个股能够成功收出后期的长实体阳线，整体就还是积极看涨的，投资者可以借助这根长实体阳线及时低吸。

塔形底与塔形顶的注意事项比较相似，投资者可以类比观察，下面直接进入实战解析之中。

实例分析
威龙股份（603779）塔形底形态应用

图1-39为威龙股份2022年12月至2023年3月的K线图。

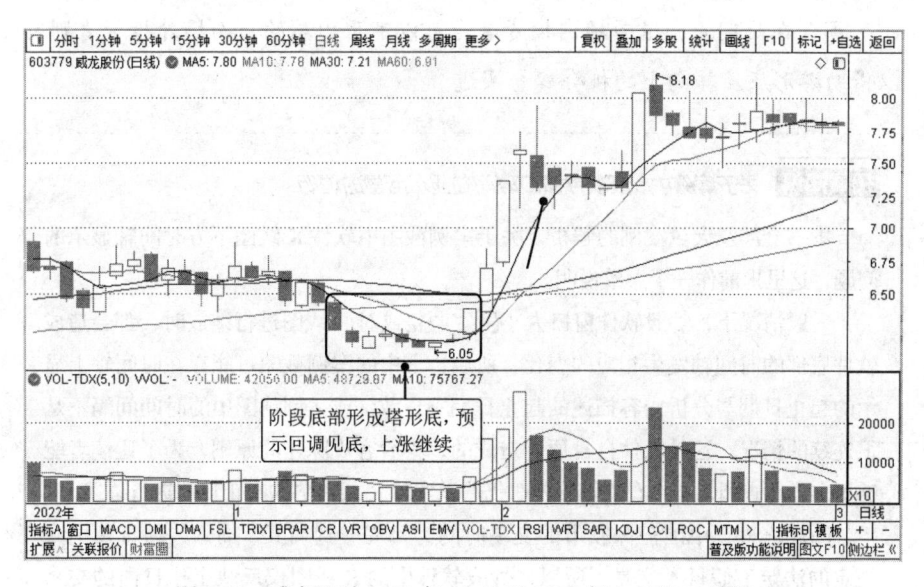

图1-39　威龙股份2022年12月至2023年3月的K线图

从威龙股份这段时间内中长期均线的走势就可以看出，该股正长期处于上涨行情之中，中间形成了一次回调，基本没有对60日均线的走势产生明显影响，但回调期间却形成了一个塔形底。

先来看该股前期的走势，可以发现，在2022年12月，该股已经出现了高点下移的状态，就说明股价在经过一段时间的上涨后开始震荡回调了，只是刚开始的回调速度并不快。

该股一直在60日均线的支撑下形成震荡,直到进入2023年1月后,股价才开始逐步向下靠近60日均线,并成功收阴将其跌破,回落到了6.00元价位线附近。

该股在此之后就开始在支撑线上方横向盘整,连续收出多根小K线。一直到1月底,K线才大幅收阳上涨靠近60日均线,呈现出即将突破的状态。

整体来看,该股从跌破60日均线到上涨靠近60日均线的这段时间内,形成的是一个塔形底形态,实际上就是一次价格的短暂下沉,很快股价就回归到了60日均线之上。

那么在此期间,很多场内投资者是可以不用出局的,而场外投资者则可以借助塔形底反转向上的机会建仓买进。

> **拓展知识** *关于案例中炒股软件窗口时间轴显示问题的说明*
>
> 　　本书会涉及大量案例的解析,关于案例截图中软件K线图下方时间轴显示的问题,这里提前作一个大致说明。
>
> 　　一般情况下,炒股软件窗口大小发生调整或对K线图进行缩放时,都会造成软件底部的时间轴发生相应的变化,所以,书中的案例截图可能存在时间轴上显示的起止日期与分析内容描述的起止日期不一致,或案例截图中的时间间隔不是很连续的情况。这是软件自身原因造成的,本着客观陈述的原则,为了让读者能够更准确地查阅,本书在进行分析时仍然以实际K线走势的起止日期进行描述。
>
> 　　除此之外,中国沪深股市的交易时间为每周一到周五,周六、周日及国家规定的法定节假日不交易,所以,炒股软件中的K线图仅反映工作日内的交易情况。

第 2 章

趋势性指标辅助波段操作

趋势性指标是技术指标的一种类别，包含了均线、趋势线和布林线等指标在内，主要用途在于通过对当前和往期走势的分析来预判股价未来的运行趋势，对于波段操作来说非常有效，因此，也是投资者需要掌握的一项分析技术。

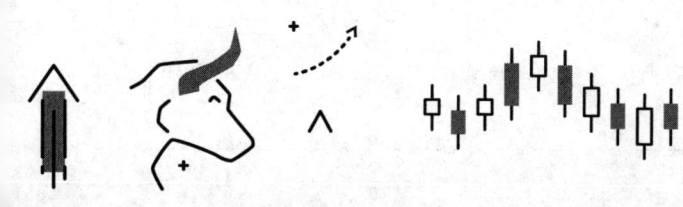

2.1 均线指标中的波段买卖形态

投资者要想在股价的波动运行过程中更好地抓住买卖点，学习均线指标的特殊买卖形态是很有必要的。均线既能与 K 线配合形成一些具有参考价值的特殊形态，也能通过多条均线的排列与交叉来组合成自有形态，整体是十分丰富的。

本节就以几个比较常见的均线形态为例，向投资者展示波段买卖过程。

2.1.1 金蜘蛛

在介绍金蜘蛛形态之前，投资者首先需要知道什么是金山谷。当股价由下跌转为上涨，带动短期均线接连上穿中期均线和长期均线，并且中期均线也在后续上穿长期均线后，三条线交叉形成的一个尖角向上的不规则三角形，就是金山谷，如图 2-1 所示。

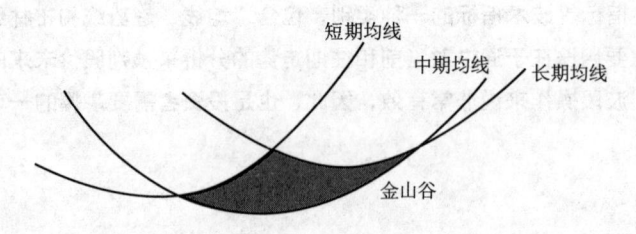

图 2-1 金山谷示意图

然而在有些时候，三条线会交叉于同一点或相近的位置，就会形成金蜘蛛，如图 2-2 所示。

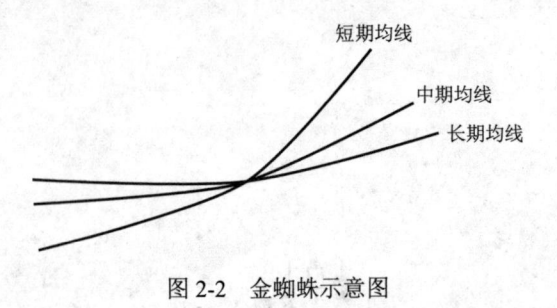

图 2-2 金蜘蛛示意图

由此可见，金蜘蛛形态传递出的也是股价上涨的信号。并且由于金蜘蛛不如金山谷那样频繁形成，在有些时候传递出的信号强度会更高，投资者自然也可以更加确定地买进。但要注意当时股价的位置高低，以及未来上涨的潜力是否足够，以免买进后不久股价就翻转下跌了。

在借助金蜘蛛形态买进时，投资者要注意以下几点。

- 金蜘蛛至少需要三条均线交叉构成，参与构筑的均线数量越多，形态发出的买进信号就越可靠。
- 构成金蜘蛛形态的三条均线并不拘泥于固定的三条或固定的周期顺序，比如5日均线、10日均线和60日均线，或者10日均线、30日均线和60日均线，都可以构筑出金蜘蛛。

下面进行实战讲解。

实例分析

百洋股份（002696）金蜘蛛实例解析

图 2-3 为百洋股份 2022 年 5 月至 9 月的 K 线图。

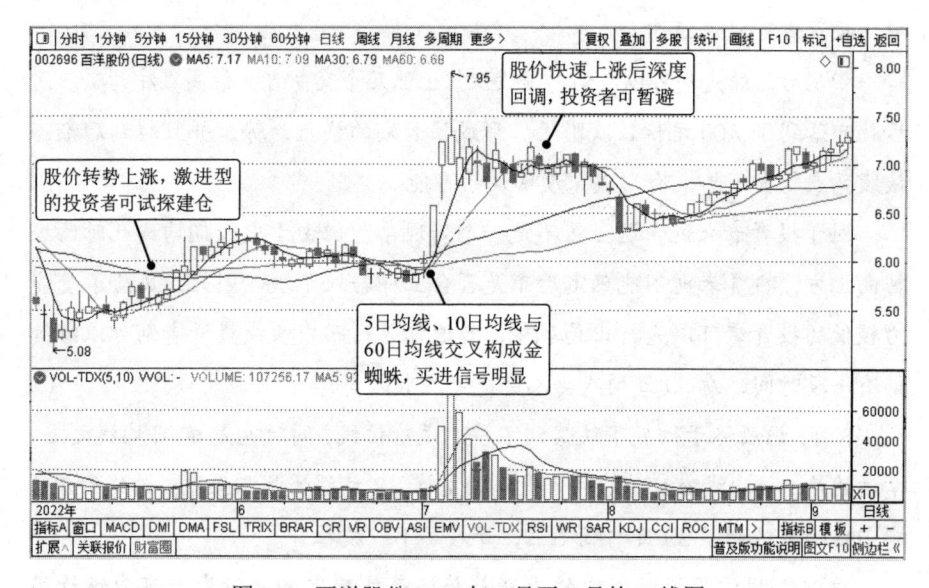

图 2-3　百洋股份 2022 年 5 月至 9 月的 K 线图

从百洋股份的这段走势中可以看到，该股在2022年5月初正处于下跌状态之中，整个均线组合几乎都压制在K线上方。但在创出5.08元的阶段新低后，该股就开始连续收阳回升了，短时间内迅速运行到短期均线之上，并且有成功突破中长期均线的趋势。

这个时候，K线已经形成低位五连阳这种看多形态，虽然上涨趋势还未彻底确定，但激进型的投资者已经可以试探着建仓买进，谨慎型的投资者还可以继续观察一段时间。

6月初，该股在上涨至6.50元价位线附近后受阻形成了回调，不过低点在6.00元价位线下方止跌。横盘一段时间后，均线组合也纠缠在一起，投资者此时就要耐心等待变盘的到来，不可轻举妄动。

7月初，该股小幅回升后，成交量突然大幅放量，推动K线收出了一根长实体阳线，股价一举突破到了6.50元价位线上方。

这也导致了均线组合迅速跟随拐头向上，5日均线同时上穿10日均线和60日均线，导致三线几乎交叉于同一点，形成了一个明确的金蜘蛛形态。结合K线突破前期的急速拉升走势来看，该股很可能要进入一波快速上涨之中，投资者可以跟随建仓。

但从后续的走势可以看到，该股仅仅上涨几个交易日，最高点冲到7.95元后就回落到了7.00元价位线附近，形成了长期的横盘走势，并且越到后期，该股高点越发下降，有形成深度回调的可能。

对于投资者来说，这显然不是一个好现象，但由于中长期均线此时已经转向上方，投资者也不能确定后市是否会立即转入下跌。因此，风险承受能力较低的投资者可以先行出局观望，暂避锋芒；而中长线投资者则可以继续持有一段时间，看60日均线会不会提供足够的支撑。

8月，该股终于彻底下跌落到了6.50元价位线，同时也是60日均线之上。幸运的是，该均线给K线提供了充足的支撑，K线缓慢收阳上涨，最终于8月中旬成功突破到了30日均线之上，开启了下一波拉升。

这就说明该股短时间内的上涨趋势还是能确定的，投资者可以继续买进，或者顺势加仓。

2.1.2 蛟龙出海

蛟龙出海是一种十分形象的看多形态，它由 K 线与均线组合而成，具体是由 K 线横盘一段时间后突然收出一根长实体阳线，自下而上穿越整个均线组合后继续上涨，带动整个均线组合由横向黏合转为向上发散的形态，整体如同蛟龙跃出海面，如图 2-4 所示。

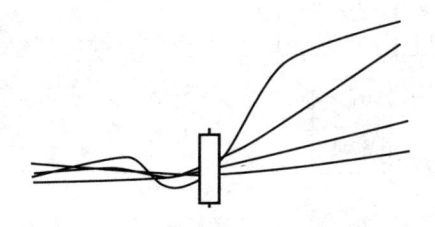

图 2-4　蛟龙出海示意图

这种成功穿越均线组合并将其带动向上发散的大阳线，一般是股价横盘整理完毕后继续向上运行的标志。阳线实体长度越长，后续拉升的幅度可能就越大，投资者买进获利的机会也就越大。

不过就算蛟龙出海的看多信号很强烈，投资者也要注意以下几点。

- ◆ 蛟龙出海对均线组合的穿越指的是实体穿越，如果只有上下影线穿过了均线组合，形态发出的信号可靠度就有待商榷了。
- ◆ 如果该阳线能够成功突破前期高点，或是明显向上突破横盘平台，拉升的信号就会越发强烈。

在蛟龙出海形态形成之后，股价可能并不会第一时间就出现急速的上涨，而是会形成横盘整理，随后再继续拉升。这是很正常的，毕竟市场需要一个缓冲的时间。

因此，谨慎型的投资者就不必着急在横盘期间建仓买进，待到上涨趋势稳定之后再买进也不迟。

接下来看实战讲解。

实例分析

中国科传（601858）蛟龙出海实例解析

图 2-5 为中国科传 2022 年 8 月至 2023 年 2 月的 K 线图。

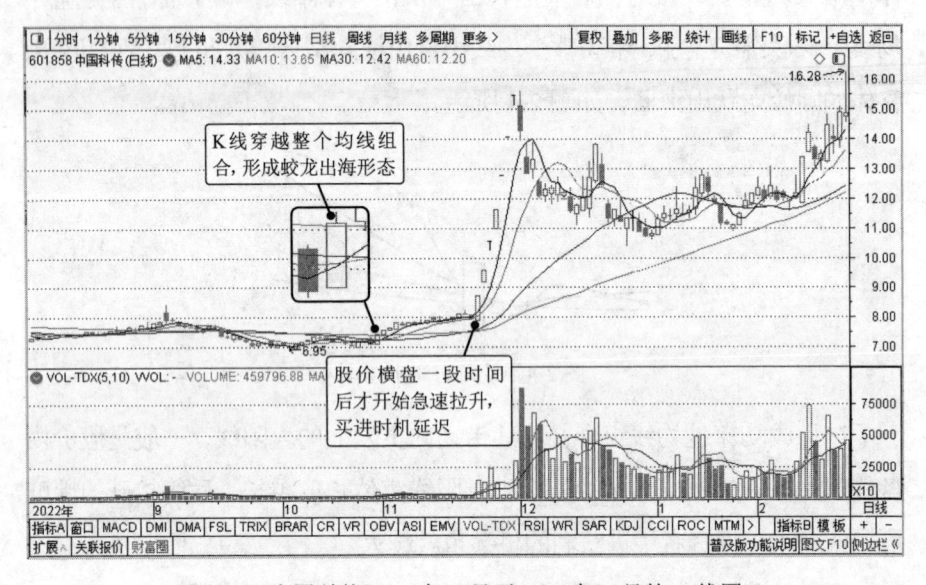

图 2-5　中国科传 2022 年 8 月至 2023 年 2 月的 K 线图

从图 2-5 中可以看出，中国科传的分段走势十分明显。在 2022 年 10 月之前，该股长时间维持在 7.00 元到 8.00 元的价格区间内横盘震荡，导致均线组合长期黏合在一起。

10 月中旬，该股创出 6.95 元的新低后再次收阳上涨，试图突破 8.00 元的压力线。就在 K 线收阳越过中长期均线的同时，一根实体偏长的阳线成功自下而上越过了整个均线组合，形成蛟龙出海形态，传递出了初步的买进信号，提醒激进型的投资者建仓买进。

但由于这段走势与该股前期的震荡走势并没有太大的差别，很多投资者并不能分辨出后市股价能否突破横盘区间上边线，因此，还是有很多投资者在场外观望。

从后期的走势可以看到，该股确实在上涨到 8.00 元价位线附近后就形成了横盘震荡，高点始终无法向上将其彻底突破。那么在变盘之前，投资者还是应以观望为主。

11月下旬，该股突然收出了一根涨停阳线，高点成功突破到了横盘区间压力线之上，形成了一个明确的拉升信号。与此同时，短期均线和中长期均线都实现了快速的转向，并向上发散开来，上涨趋势和更加可靠的买进信号延迟到现在才彻底确定。

那么，此时谨慎型的投资者也可以买进了，前期已经建仓的激进型投资者还可以继续加仓。

2.1.3 鱼跃龙门

鱼跃龙门其实就是蛟龙出海的进阶版，它并不要求K线以一根长实体阳线贯穿整个均线组合，但要求K线收出的阳线跳跃到整个均线组合之上，并与前一根K线之间形成跳空缺口，如图2-6所示。

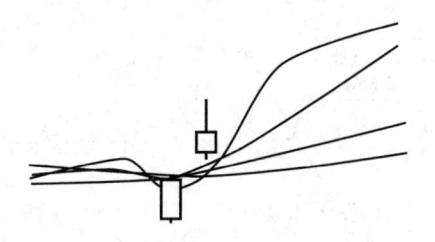

图2-6 鱼跃龙门示意图

由此可见，鱼跃龙门形态的研判关键点并不在于阳线的实体长度，而是在于阳线与均线组合及前一根K线的位置关系。跳空缺口越大，与均线组合的距离越远，鱼跃龙门的形态就越标准，那么释放出的买进信号也就越强烈。

以下是鱼跃龙门形态在使用过程中的一些注意事项。

- ◆ 虽然鱼跃龙门的阳线并没有对实体长度作出要求，但最好不是T字线、一字涨停或十字星线。
- ◆ 蛟龙出海和鱼跃龙门并不冲突，K线可能会在收阳贯穿整个均线组合的次日就形成向上跳空的阳线。这种形态也并不少见，投资者按照常规操作流程买进就可以。

在进入实战解析之前投资者还要注意，股价在鱼跃龙门之后可能会形成连续的上涨，也可能在回踩确认下方支撑力后再上涨。这两种走势都很常见，但股价的上涨潜力和幅度可能会因此有所差别。

下面就通过零点有数（301169）与丰立智能（301368）两只股票的鱼跃龙门形态来向投资者展示其差异。

实例分析

零点有数与丰立智能的鱼跃龙门形态对比

先来看零点有数中鱼跃龙门形态形成之后，股价回踩中长期均线，确认支撑力后再上涨的走势。

图 2-7 为零点有数 2022 年 12 月至 2023 年 3 月的 K 线图。

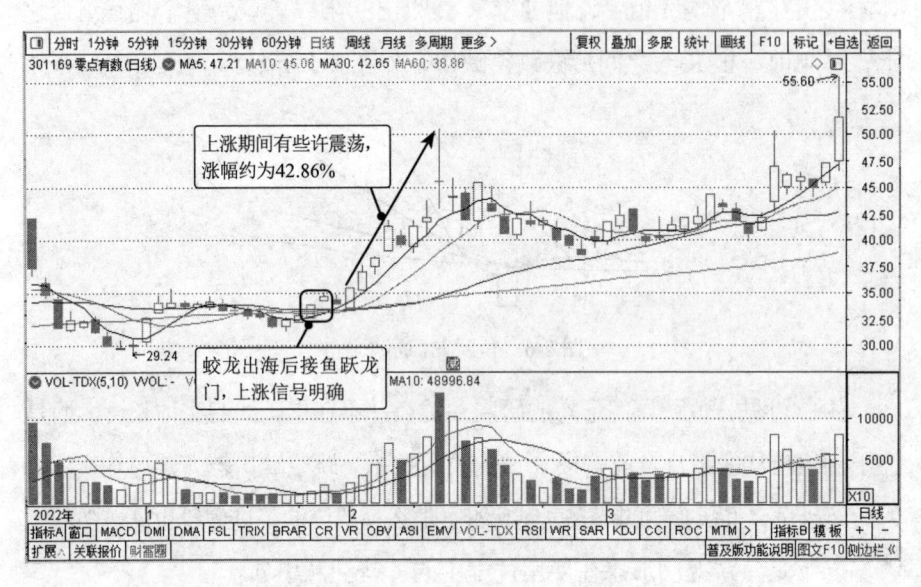

图 2-7　零点有数 2022 年 12 月至 2023 年 3 月的 K 线图

在零点有数的这段走势中，投资者可明显地看到，该股在 2022 年 12 月下旬还处于快速下跌之中，当其落到 30.00 元价位线附近后形成了一定的回升，但并没有成功突破中长期均线的压制，而是在其附近横盘震荡。

进入 2023 年 1 月后，该股依旧位于中长期均线之下，不过在 1 月下旬，K 线收出了一根实体较长的阳线，成功自下而上穿越了整个均线组合，形成了蛟龙出海的形态。之后该股向上跳空开盘后继续上扬，收出了一根小阳线，不仅与前一根 K 线之间形成了跳空缺口，还彻底运行到了均线组合之上，形成了鱼跃龙门形态。

很显然，蛟龙出海后接鱼跃龙门的走势传递出了明确的看涨信号。虽然股价此时还并没有成功突破 35.00 元压力线，但未来变盘向上的概率正在不断增大，投资者可给予高度关注，激进型的投资者还可以试探性地建仓。

从图 2-7 中可以看到，该股小幅收阴回落，在确认下方支撑力后再次收阳上涨，成功将前期压力线突破，并持续拉升。在经历了些微震荡的上扬后，该股于 2 月上旬最高接触到了 50.00 元价位线，相较于前期 35.00 元的拉升初始位置，涨幅约为 42.86%。从短期来看，零点有数的这段涨幅还是比较可观的。

下面来看丰立智能中鱼跃龙门形态出现后，股价的走势如何。

图 2-8 为丰立智能 2023 年 4 月至 6 月的 K 线图。

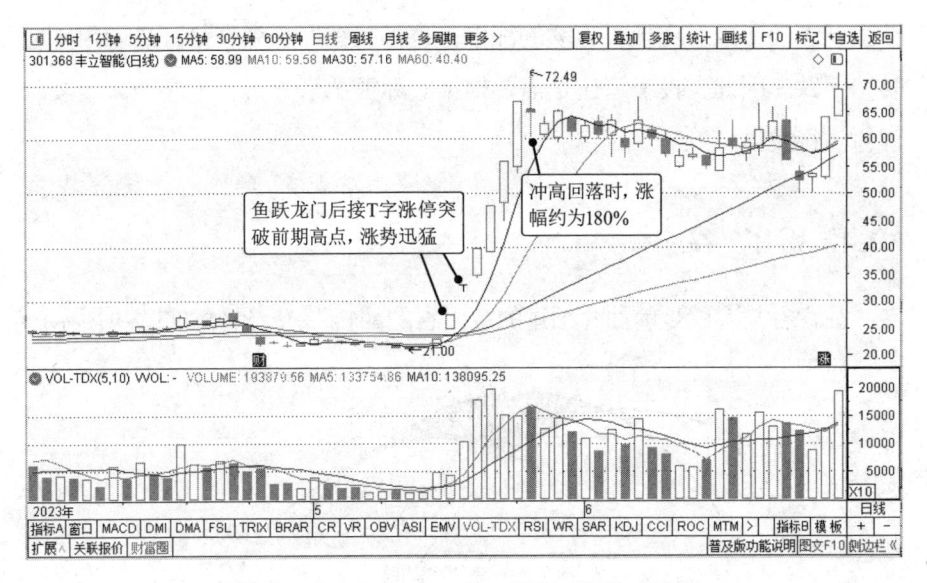

图 2-8　丰立智能 2023 年 4 月至 6 月的 K 线图

从图2-8中可以看到，丰立智能前期的走势相较于零点有数来说更加平缓，股价长期位于25.00元价位线附近横盘震荡，导致均线组合黏合在一起。

2023年5月中旬，该股在创出21.00元的阶段新低后开始收阳上涨，股价在成交量的放量支撑下开始向上靠近中长期均线。而在次日，该股向上跳空收出了一根阳线，成功越过整个均线组合，形成了鱼跃龙门的形态。不仅如此，股价还小幅越过了25.00元价位线，买进信号是比较明显的。

次日该股继续向上大幅跳空，收出了一根T字涨停线，直接穿越到了30.00元价位线上方，彻底突破前期高点。这就说明未来一段时间内该股的涨势可能会非常迅猛，至少相较于前面讲解的零点有数的走势来说，更能为投资者提供获利的机会。那么反应快的投资者就可以抓住时机建仓买进了。

从后续的走势也可以看到，该股这段拉升并没有持续太长时间，但最高已经突破到了70.00元价位线以上，相较于25.00元的拉升起始位置来看，涨幅约为180%，可见鱼跃龙门形成后股价次日的走势对未来涨幅的影响之大。

当然，这样的影响并不是绝对的，也并不是普遍的。有时候即便个股在鱼跃龙门形成后出现了连续的涨停，也可能在后一个交易日毫无预兆地转势下跌。因此，投资者还是需要根据实际情况来分析，不能一味地按照理论进行操作。

2.1.4 死亡谷

死亡谷其实就是前面介绍过的金山谷的翻转形态，具体如图2-9所示。

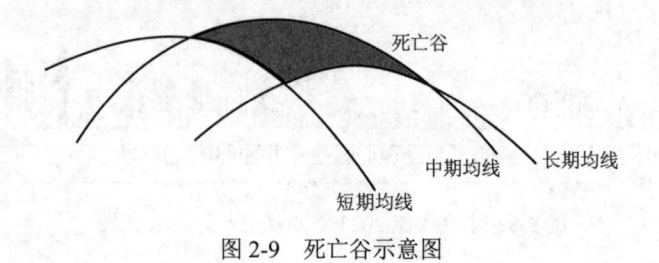

图2-9 死亡谷示意图

从图 2-9 中可以看到，死亡谷形成的前提条件是股价从上涨转为下跌，并且带动短期均线相继跌破中期均线和长期均线，最后扭转中期均线也跌破长期均线，形成的一个尖角向下的不规则三角形（如果三条均线正好交叉于同一点，形成的形态就可以进阶为死蜘蛛了）。

很显然，死亡谷一般预示着下跌行情或是深度回调的到来，下跌幅度的大小主要取决于长期均线是否完成了转向。

拿本书常用的 5 日均线、10 日均线、30 日均线和 60 日均线的组合来举例，如果只是 5 日均线、10 日均线和 30 日均线向下形成了死亡谷形态，60 日均线还维持着上扬，那么下跌趋势就没有得到完全的确定，中长线投资者还可以等待一段时间，看是否还有转机。当然，短线投资者还是应以先行离场为佳。

但如果连 60 日均线也出现了向下的转折，并参与构筑了死亡谷，那么即便是风险承受能力较高的中长线投资者，也最好及时止损出局。

以下是使用死亡谷的一些注意事项。

- ◆ 参与构筑死亡谷的均线只有三条，不能多也不能少。因此，在拥有四条均线的均线组合中，死亡谷可能会多次出现，这也是投资者判断下跌趋势是否严峻的标准之一。
- ◆ 构筑死亡谷的三条均线也可以随机组合，并不拘泥于某三条周期特定的均线。

均线组合在形成死亡谷后，还可能紧接着出现空头排列的形态，这是对下跌趋势的进一步确认，投资者在遇到这种情况时越早离场越好。尤其是当股价反弹不破中长期均线时，这种警告信号将更加明显。

下面进行案例解析。

实例分析

陕西黑猫（601015）死亡谷实例解析

图 2-10 为陕西黑猫 2021 年 8 月至 11 月的 K 线图。

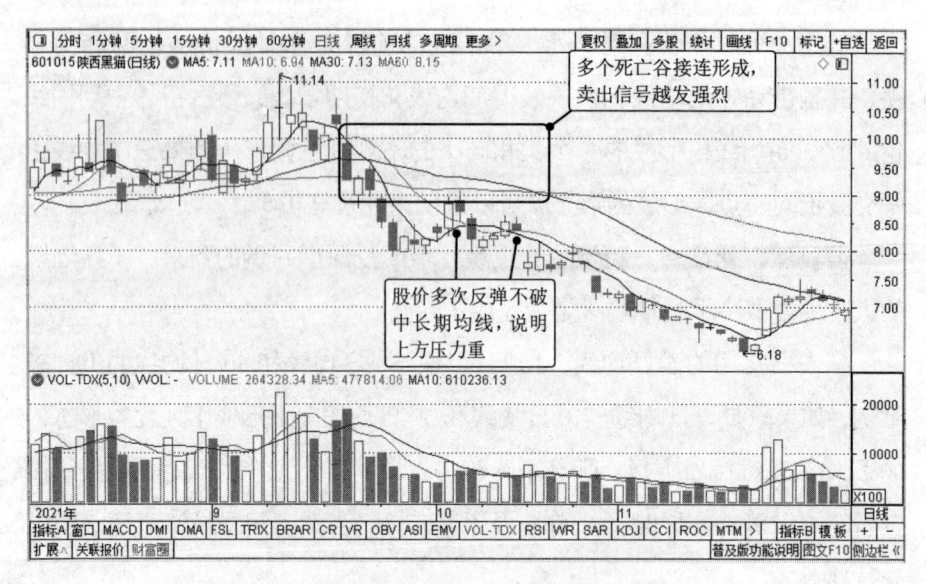

图 2-10　陕西黑猫 2021 年 8 月至 11 月的 K 线图

从图 2-10 中可以看到，陕西黑猫的股价在 2021 年 8 月到 9 月中旬，几乎一直处于 9.00 元到 10.00 元的价格区间内横盘震荡。但由于该股的震荡幅度不算小，均线组合的黏合程度也不算高，投资者还是可以比较清晰地看到每条均线的运行趋势。

进入 9 月后不久该股形成了一次快速的上涨，价格向上越过了 11.00 元价位线。但就在当日，股价冲高回落，收出一根带长影线的十字星线，随后开始逐步向下滑落，并最终带动两条短期均线转势向下跌破了 30 日均线，形成了一个初步的死亡谷形态。

在此之后，该股持续下跌，30 日均线和 60 日均线先后被扭转，下跌信号明显。

这时，股价已经跌破了 9.00 元价位线的支撑，过程中又形成了一些死亡谷形态，在后续的反弹过程中也没能突破成功，说明卖盘制造的抛压较重，短时间内的下跌趋势已经逐渐明朗起来，投资者还是要抓紧时间出局观望，场外的投资者不可以轻易介入。

从后续的走势中也可以看到，均线组合确实形成了空头排列的形态，并且长期压制在 K 线之上，导致股价的反弹幅度越来越小，最终形成了滑坡式的下跌。如果投资者没能在前期死亡谷处及时卖出，遭受的损失可能就比较大了。

2.1.5 断头铡刀

断头铡刀就是指当股价横盘一段时间后，均线组合黏合在一起，运行到后期时 K 线突然收出一根大实体阴线，自上而下穿越整个均线组合形成的下跌形态，如图 2-11 所示。

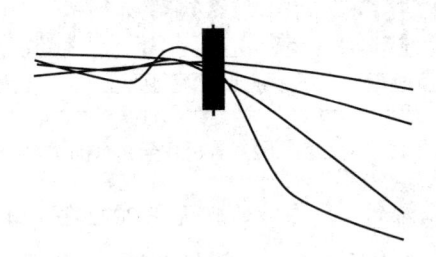

图 2-11 断头铡刀示意图

这根大阴线就像一把铡刀斩断了整个均线组合，并使其向下发散开来，仿佛掉落的丝线。

很显然，这是股价横盘到后期市场选择下跌的标志，在哪种行情中都可能出现，但在上涨行情的顶部和下跌趋势之中更加常见。投资者要做的就是及时跟随卖出，避开后市可能的下跌。

由于断头铡刀和蛟龙出海的形态只存在涨跌性质的不同，所以，投资者可以根据蛟龙出海的注意事项来类比观察断头铡刀，这里不再赘述，接下来直接进入实战应用。

实例分析
倍杰特（300774）断头铡刀实例解析

图 2-12 为倍杰特 2022 年 6 月至 9 月的 K 线图。

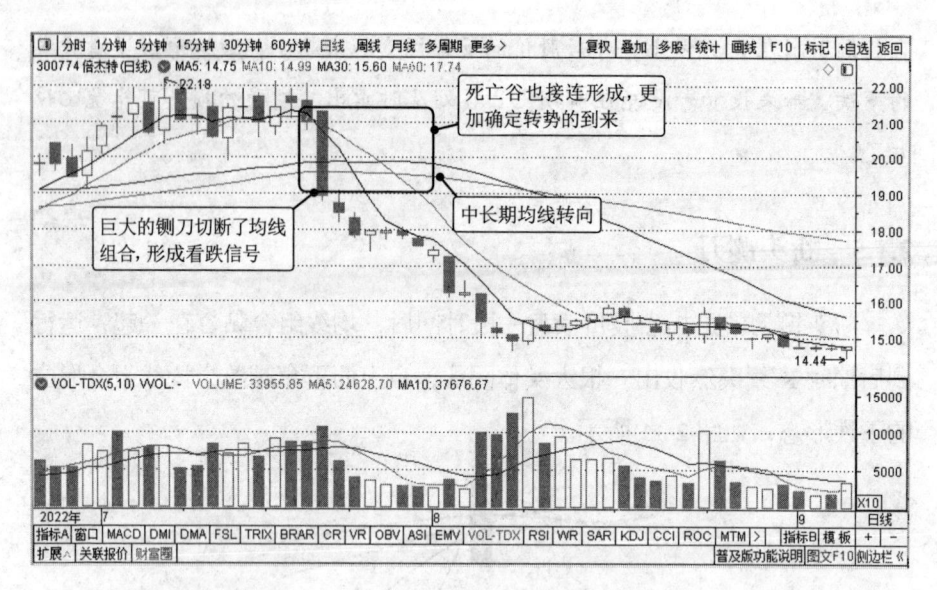

图2-12　倍杰特2022年6月至9月的K线图

从图2-12中可以看到，倍杰特的股价在2022年7月之前还处于上涨阶段，整体也是踩在中长期均线之上的。但在价格向上接触到22.00元价位线后，K线就开始在该价位线下方反复横盘震荡，低点则长期落在20.50元价位线附近。

这样的走势持续了半个多月后，该股于7月下旬收出了一根长实体阴线，不仅彻底向下跌破了20.50元价位线的支撑，还将两条中长期均线也跌破了，形成了一个初步的破位形态。

除此之外，阴线实体也将两条短期均线和两条中长期均线穿越，与均线组合配合形成了断头铡刀的形态，进一步证实了股价变盘下跌的走势。结合前期该股多次突破22.00元价位线未果的状态来看，股价未来持续下跌的可能性比较大，谨慎型的投资者应当立即出局。

从后续的走势也可以看到，该股在此之后就开始形成连绵的下跌，一直到8月初都没有出现明显的反弹。在此期间，几乎每根K线都被压制在5日均线之下，距离中长期均线更远。

而且在8月初时，两条中长期均线都已经完成了向下的转向，数日之后还形成了一个死亡交叉，确定了下跌趋势的到来。此时还未离场的投资者就要抓紧时间出局了。

2.1.6 九阴白骨爪

九阴白骨爪是一个与断头铡刀形态比较相似，但研判主要因素不同的看跌形态。它只由均线构成，K线的走势只起到辅助作用。

当股价由横盘或小幅震荡转为快速下跌时，均线组合会由横向黏合转为向下发散，发散开来的均线就仿佛向下张开的爪子，将K线笼罩在爪下，这样的形态就被称为九阴白骨爪，如图 2-13 所示。

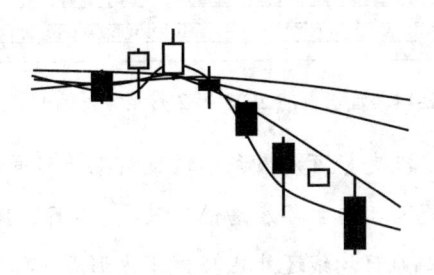

图 2-13　九阴白骨爪示意图

由此可见，九阴白骨爪对 K 线的走势及均线与 K 线之间的交叉关系没有太多要求，只需要均线在向下发散时能够压制住 K 线就可以。当然，在股价下跌过程中，K 线实体越小，绵绵阴跌的走势越明显，形态的可靠性也就越高。

一般来说，九阴白骨爪形成期间，均线呈空头排列的可能性更大，而且持续时间一般也会更长。那么场外投资者在此期间最好不要轻易买进，被套场内或中途误入的投资者也需要尽快撤离。

下面来看一个实战应用。

实例分析
延华智能（002178）九阴白骨爪实例解析

图 2-14 为延华智能 2023 年 2 月至 4 月的 K 线图。

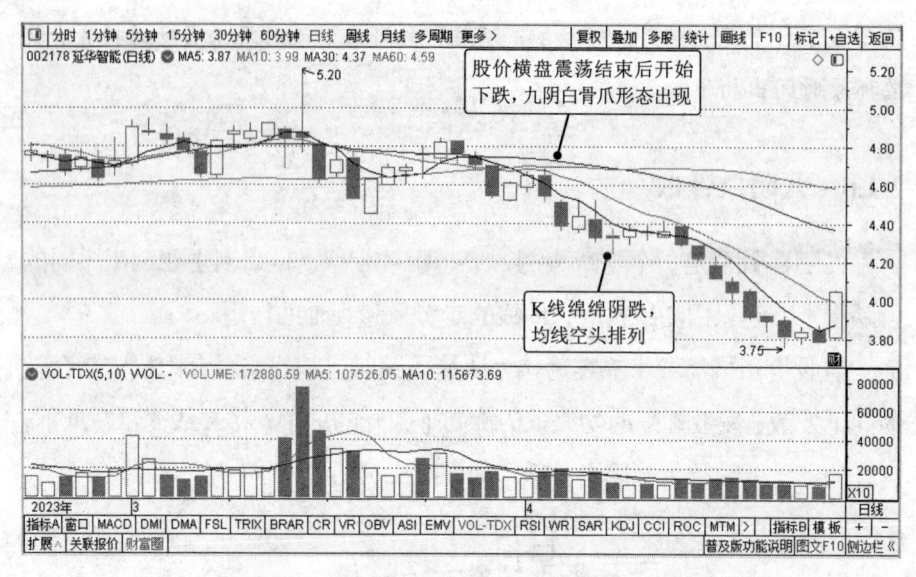

图 2-14　延华智能 2023 年 2 月至 4 月的 K 线图

从延华智能的这段走势可以看到，该股前期长时间在 4.60 元到 5.00 元的价格区间内横盘震荡。由于其震荡幅度较小，5 日、10 日和 30 日均线已经黏合在了一起，但 60 日均线还处在 K 线下方形成支撑。

不过，随着 60 日均线向着其他三条均线不断靠拢，股价变盘的时机越来越近。直到 2023 年 3 月底，四条均线终于交叉在了一起，而这时该股也面临变盘方向的选择，投资者要给予高度关注。

从后市的走势我们可以看到，该股很明显选择了向下的变盘。股价在跌破 4.60 元价位线后形成了一次回抽，但没有突破成功，反而被压制在中长期均线之下，形成了绵绵阴跌的走势。

与此同时，两条中长期均线也逐渐开始走平并转向，5 日均线和 10 日均线早已落到其下方，并覆盖在 K 线之上，九阴白骨爪的形态已经形成。

在未来的一段时间内，四条均线持续下行，延续着对 K 线的压制力，导致股价始终无法形成有效反弹。场外投资者始终无法找到合适的买进时机，那么这时候投资者就不要想着买进，留在场外观望是比较明智的选择。至于场内被套的投资者，则是越早离场越好。

2.2 趋势线指标的具体应用

趋势线指标应当是常年投入到股市技术分析圈中的投资者耳熟能详的一项指标。它虽然需要投资者手动绘制，对形态分析能力的要求也较高，但由于其具有研判高效、准确度高的优点，依旧被股市投资者广泛使用，对于波段操作来说也是有很强的辅助效果。

不过在学习趋势线指标的操作要点之前，投资者先要学会如何正确绘制趋势线。

2.2.1 趋势线的绘制与修正

趋势线主要分为上升趋势线和下降趋势线。其中，上升趋势线形成于上涨行情之中。投资者连接任意两个低点向上延伸形成一条初步的支撑线，当第三个低点也落在该线上时，这条支撑线就可以被称作上升趋势线，股价第三次回落接触到趋势线止跌的过程也是确认上升趋势线有效性的必经过程。而下降趋势线是在下跌行情中绘制的。投资者连接任意两个高点向下延伸形成一条初步的压力线，当第三个高点也接触到该线时，这条压力线就可以被称作下降趋势线，股价第三次反弹接触到趋势线受阻回落的过程就是在确认其有效性。

在绘制成功的趋势线基础之上，若条件允许，投资者还可以绘制出上升趋势通道和下降趋势通道。其中，在上升趋势线确认有效的情况下（有时候第三次落点还未确定时，投资者就可以开始尝试绘制了），以最近的高点作为基点作出上升趋势线的平行线，形成的一个平行向上的通道就是上升趋势通道，如图2-15（左）所示。而在下降趋势线确认有效，或者即将确认有效的情况下，以最近的低点作为基点，作出下降趋势线的平行线，形成的一个平行向下的通道就是下降趋势通道，如图2-15（右）所示。

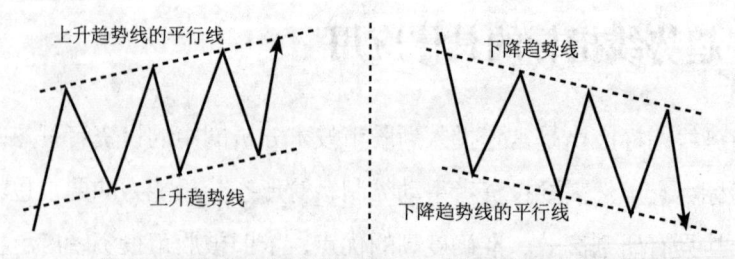

图 2-15　上升趋势通道（左）和下降趋势通道（右）

一般来说，趋势通道能够在一定程度上限制股价的波动范围，也就能够为波段操作投资者提供一定的买卖指导。

当然，股价并不会一成不变地待在趋势通道内。当其发生强烈的向上或向下变盘，或者是脱离原有运行趋势横向波动的变化时，很可能会对趋势线形成突破或跌破。这时候，投资者就要根据实际情况来判断是否能够对其进行修正。

若修正成功，投资者依旧可以按照原有操作流程进行买卖；若修正失败，投资者就要考虑股价是否会形成彻底的转势，或者短时间内是否还适宜买卖。

对趋势线和趋势通道的修正并不难，以上升趋势通道为例，如果股价在某一时刻突然加速上涨，低点并没有落到原有上升趋势线上，而是向上移动了一段距离，投资者就需要将该低点与上一个低点相连，作出一条新的上升趋势线，然后再以最近的高点为基点作出其平行线，等待下一个落点的到来。

如果下一个落点能够落在新的上升趋势线上，那么修正就已经完成，投资者可以使用新的上升趋势通道了，如图 2-16 所示。

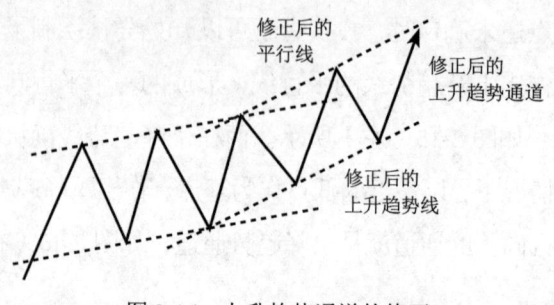

图 2-16　上升趋势通道的修正

如果下一个落点依旧没能落在新的上升趋势线上，或是重新跌到了原有上升趋势线附近，投资者就要考虑是否继续对其进行修正，或者分析此次的异常波动是否出于偶然，股价并没有彻底脱离原有趋势通道。

对于下降趋势通道的修正，投资者也可以类比进行。

此时细心的投资者可能已经发现了，趋势通道是否可以修正是有条件的。比如上升趋势通道，如果股价的落点是高于上一个低点的，那么该通道还有修正的可能；如果股价低点直接跌破了前一个，那么趋势很可能会发生逆转或形成回调，这时候投资者就无法将其修正，而是要进入反转分析之中。

下降趋势通道也是一样的，股价的高点如果突破了前期，那么投资者就无法将其修正了。这时候投资者就要考虑将重点放在股价未来是否有机会成功突破下降趋势线的压制，自己又是否能够抓住时机在低位买进，降低持股成本。

在初步了解趋势线和趋势通道之后，投资者就可以进入具体的操作技巧分析中。

2.2.2 上升趋势通道中的操作点

只要投资者在稳定的上升行情中绘制出了上升趋势线和上升趋势通道，并得到了第三次落点的验证，就可以利用趋势通道对股价的限制作用进行高抛低吸操作。

不过，在通道运行过程中反复高抛低吸的策略还是更适合短线投资者，中长线投资者在一次或多次低吸后就可以一直持有观察，待到反转到来后才在高位卖出，完成一次操作。

不同的投资者也有不同的介入时机，风险承受能力较高的投资者或激进型的投资者，可以尝试在初步绘制出上升趋势通道后就轻仓买进，等到趋势通道有效性得到验证后再加仓。

而风险承受能力较低的投资者或谨慎型的投资者,还是要在上升趋势通道完全验证成功后再介入。尽管这样的持股成本较高,未来收益也会相对降低,但相应的风险会小很多,投资者需要自行把握其中的平衡。

需要注意的是,在一段完整的上升行情中,上升趋势线和上升趋势通道可能会被反复修正,但只要修正完成后个股还有上涨的潜力,中长线投资者就可以一直持有,短线投资者也可以继续利用其进行波段操作。

下面进入实战讲解。

实例分析

坚朗五金(002791)上升趋势通道中的操作点

图 2-17 为坚朗五金 2021 年 2 月至 8 月的 K 线图。

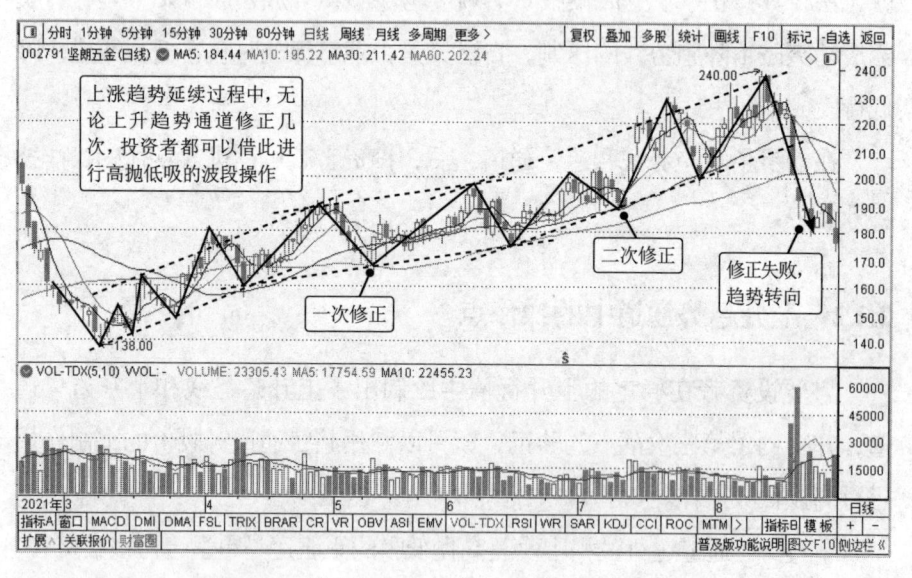

图 2-17　坚朗五金 2021 年 2 月至 8 月的 K 线图

从 2021 年 3 月上旬开始,坚朗五金摆脱了短暂的下跌趋势,开始转向上涨,这一点从均线组合的扭转走势中可以看出。

3 月上旬,该股最低跌到了 138.00 元,在此触底后开始小幅回升。数日之后,该股第二次回落,低点稍高于前期,将这两个低点连接起来并向上延伸出一条直线，就是一条亟待验证的上升趋势线。

3月中旬，该股收出一根长实体阳线，向上接触到了160.00元价位线，在此受阻后再次小幅回落，低点正好落在了上升趋势线上，确认了其有效性。那么此时投资者就可以开始尝试绘制上升趋势通道，并借助它进行相应的波段操作。

从后期的走势中可以看到，该股在上升趋势线上得到支撑后再次回升，高点甚至小幅越过了上升趋势通道上边线，说明该股的上涨趋势还是比较迅猛的，投资者完全可以在低位趁机买进。短线投资者可以在股价上涨至趋势通道上边线附近受阻回落的同时卖出兑利，中长线投资者则不必着急卖出。

4月下旬，该股已经上涨到了190.00元价位线附近，相较于前期的138.00元，涨幅已经有了较大提升。不过在此之后，该股的落点小幅跌破了原有上升趋势线，但并没有跌破前期低点。

此时，投资者就可以考虑将上升趋势线进行修正，连接4月上旬的低点与这次的低点，向上延伸出一条新的上升趋势线，然后等待验证。

6月初，该股继续上涨到了接近200.00元价位线的附近，随后再次回落，落点正处于修正后的上升趋势线上，确认了其有效性。投资者此时就可以延续前期的操作策略，该高抛低吸的高抛低吸，该继续持有的继续持有。

不过在进入7月后，该股明显在200.00元价位线上受到了一定的阻碍，再次形成的落点稍高于修正后的上升趋势线，说明该趋势线还需要再次被修正。那么按照原有的方式连接最近的两个低点向上延伸，就得到了第三条上升趋势线。

等到该股成功突破200.00元价位线的压制，冲到了230.00元价位线上后再次回调，低点落到第三条上升趋势线上后，投资者就完成了对新趋势线有效性的验证，操作策略依旧不变。

不过到了此时，该股已经上涨到了相当高的位置，场内获利盘积累过多，可能会在某一时刻集中释放抛压，导致股价转势下跌。尽管此时该股还没有明显的预兆，但投资者一定要提高警惕。

进入8月后不久，该股创出了240.00元的阶段新高，随后拐头再次下跌。但此次该股借助一根长实体阴线彻底将二次修正的上升趋势线跌破，并且后续还跌破了前期低点，说明该上升趋势线已经无法修正，股价趋势很可能完成了逆转。

如果投资者已经赚取了足够的收益，那么以尽快在高处卖出观望为佳。如果投资者是在高位买进的，那么在发现该股反弹突破失败，继续转入下跌的走势后，即便还没来得及获取足够的收益，也要及时止损出局。

2.2.3 下降趋势通道中的操作点

下降趋势通道中的操作点也是基于趋势通道对股价波动的限制作用形成的，投资者首先需要绘制的就是下降趋势线。

不过很显然，既然能够绘制出下降趋势线，就说明股价已经进入了稳定的下跌行情之中。在这种走势中进行操作的不是短线投资者，就是被套投资者，或者是一些喜欢在这种高压环境中操作的风险偏好者。

这部分投资者虽然对风险的承受能力较高，但依旧不能盲目操作，因此，还是有必要借助下降趋势通道进行理性分析。

关于下降趋势通道的绘制要点已经在前面的章节中有过详细解析，下面直接进入案例分析中。

实例分析

新乡化纤（000949）下降趋势通道中的操作点

在前面关于上升趋势通道操作点分析的案例中已经提到过，趋势线在绘制过程中很可能会经历多次修正。

但有些时候，在投资者修正之后，新的趋势线可能也得不到有效验证。这时候就意味着修正失败了，投资者要立即寻找新的解决方案，比如再次修正，或者看该股的新落点是否还会回到原有趋势线上。

在新乡化纤的这段走势中，投资者就会经历一次修正失败的情况，下面来看如何解决。

图 2-18 为新乡化纤 2021 年 7 月至 2022 年 4 月的 K 线图。

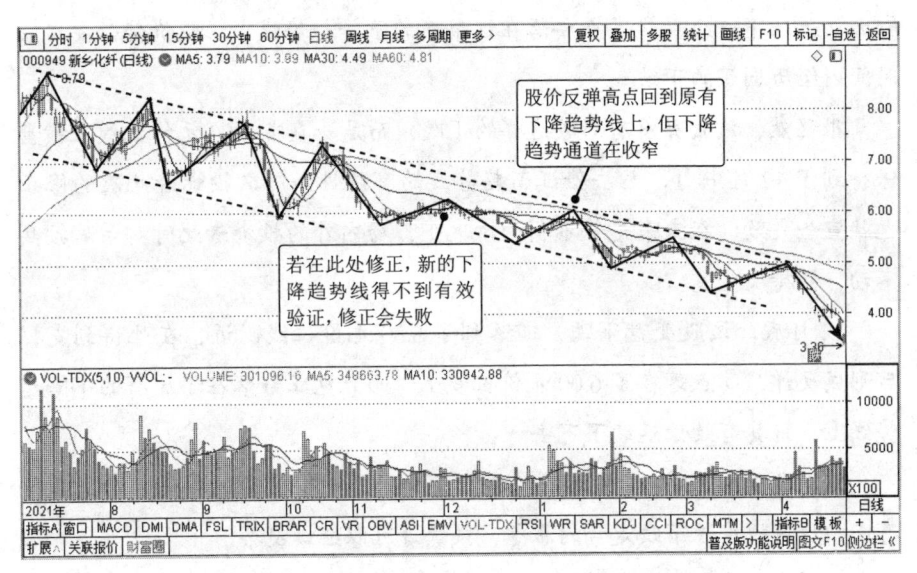

图 2-18 新乡化纤 2021 年 7 月至 2022 年 4 月的 K 线图

从图 2-18 中可以看到，新乡化纤经历了大半年的下跌走势，投资者仔细观察就可以发现，这段下跌走势的规律性还是比较强的，在其中绘制出的下降趋势线和下降趋势通道也能够得到有效利用。

从 2021 年 7 月开始，该股创出 8.79 元的阶段新高后开始转入下跌，随后反弹形成的高点没有成功突破前期。那么投资者就可以尝试着连接这两个高点，形成一条向下延伸的直线，看是否能够绘制出下降趋势线。

9 月中旬，该股再次形成反弹，高点正好落在了下降趋势线上，确认了其有效性，说明下跌行情已经逐渐趋于稳定。此时还未离场的投资者要抓紧时间借助下降趋势线止损出局；而一些风险偏好的短线投资者，可以以最近的一个低点为基点绘制出下降趋势通道，再借助股价在通道内的规律性震荡高抛低吸。

这样的走势一直延续到了 10 月，该股反弹高点依旧位于下降趋势线上。但在进入 11 月后，股价落到 6.00 元价位线附近形成了一段时间的横盘震荡，高点明显低于下降趋势线，此时投资者就可以尝试进行修正。

但从后续的走势可以明显看到，连接这两个高点形成的直线向下的倾角较大，如果下一个反弹高点要落在这条新的下降趋势线上，股价势必要在短时间内经历剧烈的下跌。

很显然，该股并没有形成这样的下跌，而是一直在6.00元价位线上横盘保持到了12月中旬，无法验证新趋势线的有效性，那么投资者此次的修正也就宣告失败。在未来走势不明的情况下，场内外的投资者此时都最好按兵不动，保持观望。

12月底，该股变盘下跌，回落到了5.50元价位线附近，在此得到支撑后形成反弹，高点落在了6.00元价位线上，而且也正好落在了原有的下降趋势线上，将其有效性延续了下去。

这就说明该股在11月形成的横盘走势只是一次短暂的异动，后续股价有回归原有规律性下跌走势的希望，投资者可以继续观察。

从后期的走势中可以看到，该股数次反弹的高点都落在了这条下降趋势线上，但回落的低点相较于前期整体而言有所上升，导致新的下降趋势通道收窄了一些，留给短线投资者赚取差价收益的空间也缩小了。那么这部分投资者就要考虑是否放弃该股，另寻优质个股操作。毕竟谁也无法确定此次下跌行情还会持续多久，该离场的投资者还是要果断一些。

2.3 如何利用布林指标高抛低吸

布林指标也称布林线或布林通道，它是一种趋势性指标，通常叠加在K线上使用，与均线比较类似，但使用方法稍有不同。

该指标由三条指标线构成，分别是负责指引趋势的布林中轨线，负责向下包容住下跌K线趋势的布林下轨线，以及负责向上覆盖住上升K线趋势的布林上轨线。

正是由于上下轨线对 K 线走势的限制作用，布林指标才会有布林通道的别称，而且投资者也不用像趋势线那样自行绘制，灵活性还是比较高的。

下面就来看看投资者如何利用布林指标进行波段操作。

2.3.1 布林三线同时上扬

要让布林指标三线同时上扬，股价当然要形成一段比较稳定的上涨，如图 2-19 所示。

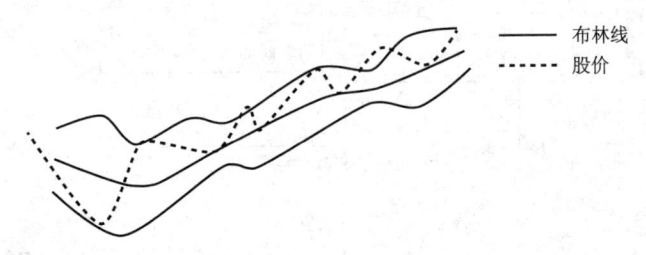

图 2-19　布林三线同时上扬示意图

由于布林通道有跟随股价波动而缩放的特性，因此，个股在上涨过程中的震荡幅度一定不能大，否则就可能造成布林通道形成明显的葫芦串形态，这与三线同时上扬的走势还是稍有不同的。

最为理想的三线同时上扬，应当指的是三线平行上扬、股价连续上涨的走势。但这种走势在实际操作中并不常见，因此，投资者在看到如图 2-19 所示那样股价小幅震荡，布林三线小幅缩放的同时持续上升的走势时，也可以按照同样的操作策略进行买卖。

至于具体的操作点，投资者还是要根据自身的操盘风格进行选择。比如激进型的投资者，就可以在股价转势上涨并成功突破布林中轨线的位置买进；而谨慎型的投资者则可以在股价突破布林中轨线后回踩不破，借助布林上下轨线的走势确认上涨趋势的稳定性后再买进。

下面来看一个实际的案例。

实例分析

国光电气（688776）布林三线同时上扬分析

图 2-20 为国光电气 2022 年 4 月至 11 月的 K 线图。

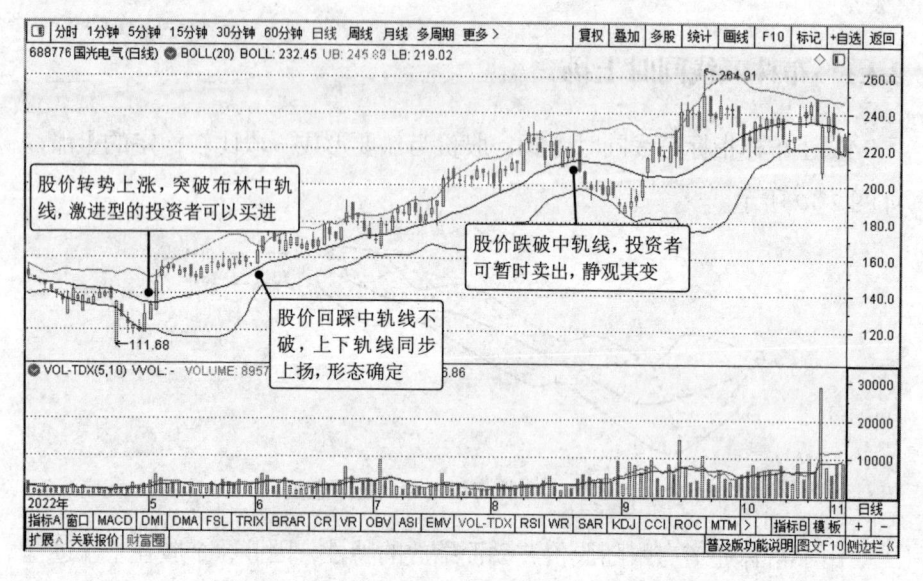

图 2-20　国光电气 2022 年 4 月至 11 月的 K 线图

在国光电气的走势中投资者可以看到，在 2022 年 4 月，该股还处于下跌过程中，K 线一直被压制在布林中轨线之下。

一直到 4 月底，股价才在 120.00 元价位线上得到支撑，并在进入 5 月后成功收阳上涨，突破到了布林中轨线之上，传递出了初步的买进信号。此时激进型的投资者可以尝试着在此处建仓，谨慎型的投资者还是应等待一段时间。

在此之后，股价在 160.00 元价位线附近受到了压制，形成了一段时间的横盘，不过低点依旧在持续上扬。

随着布林中轨线的转向和靠近，该股于 6 月初成功突破了 160.00 元价位线的压制，并且也完成了一次对布林中轨线的回踩，确认了下方的支撑力。再加上后续布林上下轨线已经形成了平行上移的走势，三线同时上扬的形态已经确定，谨慎型的投资者也可以尝试买进了。

从后续的走势可以看到，该股的上涨趋势还是非常稳定的，期间几乎一直踩在布林中轨线上运行，很少有跌破的情况。

这样的走势一直到了 8 月初，该股突破到了 220.00 元价位线上方后，形成了一次幅度较深的回调，K 线跌到了布林中轨线之下，并带动其形成了向下的转向，另外两条指标线也有所走平和下跌。

此时股价涨幅也比较大了，一直持有的投资者最好还是先行出局，观察该股后市走向，看是否还有继续上涨的空间。

从图 2-20 中可以看到，该股在 9 月初回落到 180.00 元价位线上后得到了支撑再次上冲，在连续收阳后成功突破到了布林中轨线以上形成拉升，而且布林上下轨线也再次上扬。这就说明此次上涨趋势还没有结束，投资者可以继续在相对低位建仓买进。

不过该股在后续的走势中的积极性就不如前期高了，并且还有横盘震荡后变盘下跌的趋势。谨慎型的投资者在赚取了后面这一波拉升收益后，要注意观察股价走势及布林通道的趋势变化，必要时及时撤离，避免被套场内。

2.3.2 飞跃布林线

飞跃布林线是指股价在短时间内出现急速暴涨，突破到布林上轨线之外的形态，如图 2-21 所示。

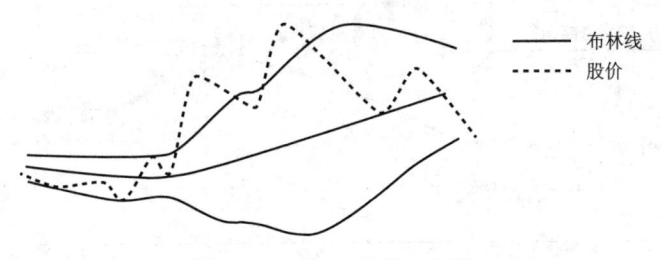

图 2-21 飞跃布林线示意图

根据布林指标的特性，整条通道会随着股价的上下波动而适当缩放，因此，是具有一定弹性和灵活性的，一般不会让股价轻易突破或跌破到通道之外。注意，这里的突破和跌破指的是整根 K 线彻底运行到布林通道外部。

由此可见，飞跃布林线的形成就是市场在短时间内急速推涨、买盘过度追高的表现。如果股价能够在布林上轨线之上停留数日甚至更长的时间，就说明市场已经进入了一种不理性的状态，股价很有可能在此次冲高结束后迅速回落，走出同样迅猛的下跌走势。

因此，投资者在发现飞跃布林线形态后，可以迅速跟进，但一定要注意仓位管理，并且在股价形成转势迹象后立即卖出，避开后续的下跌。

而在有些时候，飞跃布林线的形成过程中，个股可能会出现一种极端情况，那就是连续的一字涨停。这是一种非常明显的市场异动表现，大概率跟主力的拉升意图有关，至于其目的如何，未来涨势是否能够延续，还要根据当前行情的位置来判断。

下面就来看一下德尔未来（002631）和大豪科技（603025）两只股票中飞跃布林线的表现，以及极端情况下投资者应当如何分析和应对。

实例分析
德尔未来和大豪科技的飞跃布林线分析

图2-22为德尔未来2021年8月至10月的K线图。

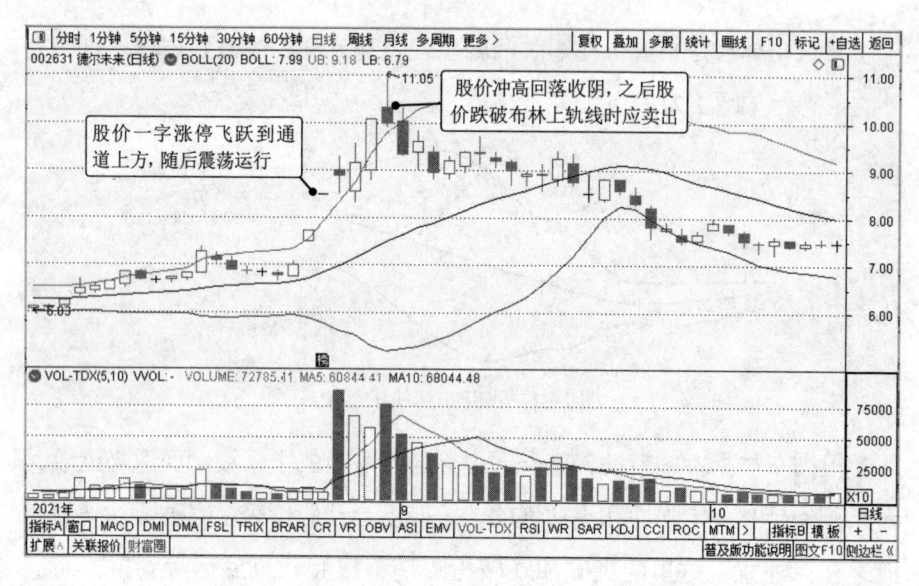

图2-22　德尔未来2021年8月至10月的K线图

先来看德尔未来的走势，从图 2-22 中可以看到，该股在 2021 年 8 月初就已经成功突破到了布林中轨线之上，开启了一段缓慢但稳定的上涨。到了 8 月下旬，该股突然形成了一次跳空上冲，并在后续收出了一根一字涨停线，彻底突破到了布林上轨线之上，形成了飞跃布林线形态。

而在后续的走势中，该股在布林上轨线上方维持了数日的拉升，成功突破到了 10.00 元价位线以上，短期涨幅相当可观。如果反应快的投资者能够在股价第一次跳空上涨的时候买进，那么此时获得的收益还是很不错的。

不过，该股在突破 10.00 元价位线后形成了回落走势，K 线收出一根带有长上影线的小实体阴线，并在次日持续下跌，回到了布林通道之内。这就说明此次的飞跃布林线形态已经结束，该股后续可能会进入横盘或是下跌之中，投资者要注意及时撤离。

从后续的走势中也可以看到，该股缓慢下跌后，于 9 月中旬跌破了布林中轨线，并将其带动向下扭转，说明下跌趋势基本确定，此时还未离场的投资者要注意止损了。

接下来看连续一字涨停飞跃布林线这种极端情况下投资者要如何应对。

图 2-23 为大豪科技 2020 年 10 月至 2021 年 3 月的 K 线图。

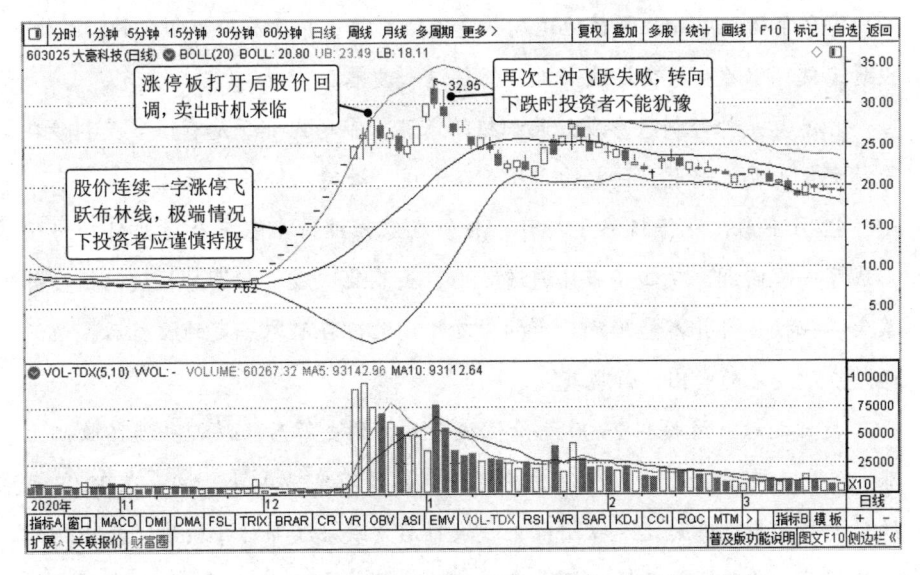

图 2-23　大豪科技 2020 年 10 月至 2021 年 3 月的 K 线图

从大豪科技的这段走势中可以看到，股价在 2020 年 10 月到 11 月几乎一直处于 8.00 元价位线附近横盘移动，整体震荡幅度非常小，导致布林通道紧缩在一起，对 K 线形成了强力的限制作用。

这样的走势一直维持到 11 月下旬，该股突然在成交量放大的支撑下收出了一根实体较长的阳线，成功飞跃到了布林上轨线之上。次日，K 线收出一字涨停，彻底飞跃到了布林通道之外。

紧接着在后续数日内，K 线连续收出一字涨停，短时间内就暴涨到了 20.00 元价位线以上。而在此期间，K 线几乎没有向下接触到布林上轨线，整段飞跃布林线的形态十分标准，但也十分极端。这说明市场中存在一种刺激性动力，导致股价形成了如此强烈的反应，大概率与其基本面消息有关。

事实也确实如此，2020 年 11 月 25 日，北京大豪科技股份有限公司发布关于筹划重大资产重组停牌公告，公告称，公司正在筹划以发行股份的方式购买控股股东北京一轻控股有限责任公司持有的北京一轻资产经营管理有限公司 100% 的股权，并向北京京泰投资管理中心以发行股份的方式购买其持有的北京红星股份有限公司 45% 股份；同时，公司拟非公开发行股份募集配套资金。

简单来说，就是大豪科技要收购公司了。这对于其未来发展无疑是利好的，那么市场形成如此强势地追高就是有迹可循，并且是较为积极的。因此，投资者就可以趁此机会迅速买进，抓住这一波暴涨。

但就算是外部刺激形成如此积极的暴涨，市场内部还是有很多获利盘在等待抛售，也就是说，巨大的抛压正在形成，等待涨停板打开。

12 月中旬，涨停板终于打开，股价在勉强继续上涨三个交易日后终于形成了一次回调，跌回了布林通道之内。虽然此次股价回调时收阴的幅度并不大，但投资者并不能确定后市的走向，因此，在赚取一定的收益后，最好还是在此处跟随卖出，静观其变。

数日之后，该股在 25.00 元价位线下方得到支撑后止跌，并连续收阳上涨，再次向布林上轨线发起冲击，但很显然没有突破成功。该股在 32.95 元的位置受阻后就开始迅速收阴，下跌数日后就跌破了布林中轨线，卖出信号十分明确，此时还未离场的投资者要抓紧时间出局。

2.3.3 布林三线同时下移

布林三线同时下移，就意味着股价已经转入了稳定的下跌趋势之中，并带动着整个布林通道在小幅缩放中跟随下行，如图 2-24 所示。

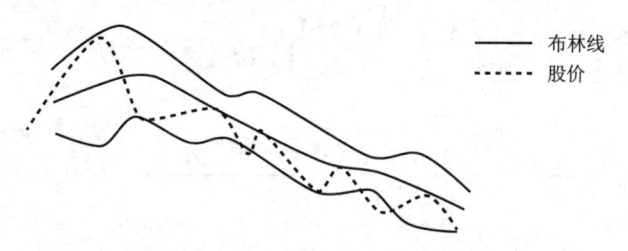

图 2-24 布林三线同时下移示意图

在形态中有几个关键的卖出点，首先就是股价由上涨转为下跌时跌破布林中轨线的位置；其次是布林中轨线彻底被扭转向下的位置；最后就是股价在布林中轨线与布林下轨线之间震荡下跌时，每一次反弹接近布林中轨线的位置。

很显然，当布林三线形成同步下移的走势时，投资者是不能轻易介入的，即便是风险承受能力较高的投资者也不行。毕竟在此期间，股价震荡幅度很小，没有什么空间能够为投资者提供收益。因此，大部分投资者学习这种形态的用法都是为了及时解套。

在布林三线同步下移的过程中，布林中轨线起到了很重要的方向指引作用，只要它没有形成明显的扭转上行走势，股价在短时间内就很难出现有效突破，投资者依旧不可以贸然买进。

下面来看具体的实战案例。

实例分析

招标股份（301136）布林三线同时下移分析

在招标股份这段走势中，布林中轨线的压制作用就表现得十分强势。

图 2-25 为招标股份 2022 年 3 月至 11 月的 K 线图。

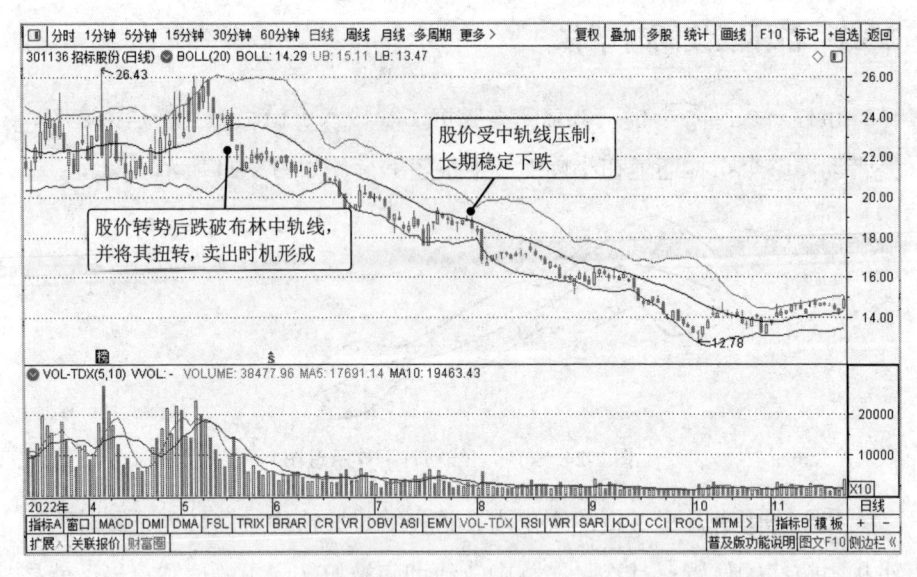

图 2-25　招标股份 2022 年 3 月至 11 月的 K 线图

从图 2-25 中可以看到，该股在 2022 年 3 月到 4 月还处于高位震荡之中，并在 4 月形成了一次明显的拉升，但被 26.00 元价位线压制横盘，最终只能转势下跌，并于 5 月中旬跌破了布林中轨线。

虽然在前期的走势中，K 线也多次与布林中轨线形成交叉，但只有这一次使得该压力线形成了明显的扭转，这一点从该股后续的走势中就可以看出。因此，场内的投资者也要及时反应过来，迅速借高出局。

在 6 月之后，该股就长期受到布林中轨线的压制持续下行，导致整个布林通道都跟随转向，布林上轨线和布林下轨线同步下移，形成了明显的看跌信号。

尽管在此期间股价有多次反弹，但几乎都没有成功突破布林中轨线。布林通道也跟随股价有过小幅缩放，不过整体看来下跌趋势十分稳定，那么投资者就不可以轻易介入。

这样的走势一直持续到了 10 月中旬，该股才形成了一次比较强势的反弹，成功突破到了布林中轨线以上。但后续该股的上涨走势十分平缓，布林通道也只是走平而已，因此，并不是一个好的买进时机，不过至少宣告了此次连续下跌的结束，这时候投资者就可以开始关注该股的后市走向了。

2.3.4 破位布林线

破位布林线指的是股价在短时间内急速下跌后破位布林下轨线，落到布林通道之外的形态，如图 2-26 所示。

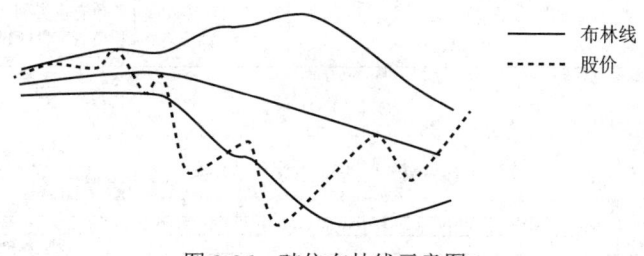

图 2-26　破位布林线示意图

与飞跃布林线一样，破位布林线也是市场短期异动的表现，只是整体态度是消极看跌的。一般来说，破位布林线的形态不会维持太久，毕竟股价的暴跌也是需要看跌动能来延续的，只要市场缓和过来，股价会很快形成横盘整理甚至反弹。

由此可见，投资者首先需要在破位布林线形成的同时，或者在股价跌破布林中轨线时就出局观望。待到形态破位结束，股价开始形成强势反弹后，可以斟酌着入场。

当然，刚开始的反弹一般不会有太好的表现，毕竟市场态度已经发生了转变，投资者应谨慎操作。不过在后续若有机会，投资者就可以根据 K 线与布林通道之间的交叉形态和位置关系来决策了。

下面来看一个案例。

实例分析
我乐家居（603326）破位布林线分析

图 2-27 为我乐家居 2020 年 8 月至 11 月的 K 线图。

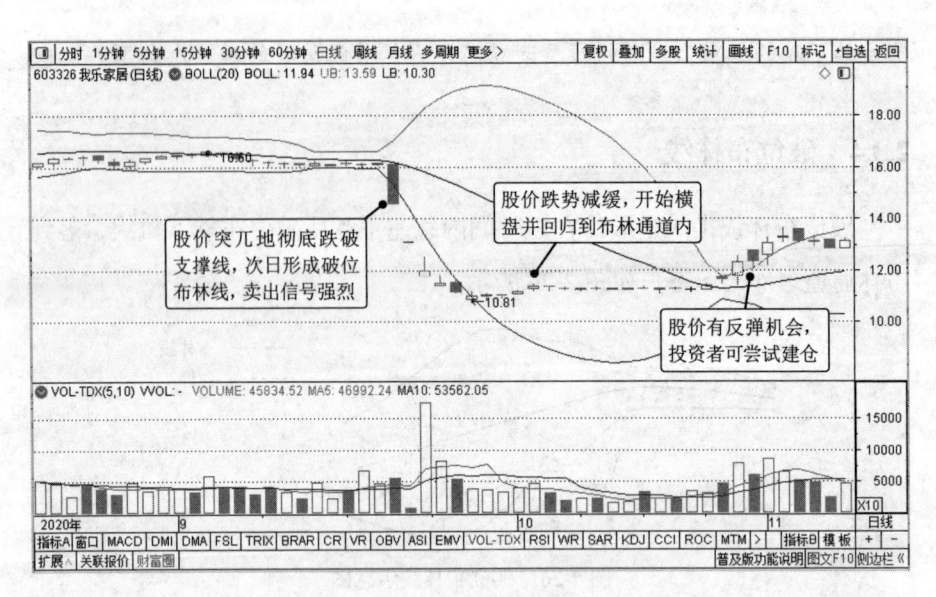

图2-27 我乐家居2020年8月至11月的K线图

通过我乐家居的这段走势可以发现，该股在很长一段时间内都处于横盘窄幅震荡阶段，并且长期被限制在布林中轨线与布林下轨线之间，说明市场在盘整中偏向看跌，投资者应谨慎观望。

这样的走势在9月下旬有了突兀的转变，K线突然收出了一根长实体阴线，彻底向下跌破了16.00元价位线的支撑，并且将布林下轨线也跌破了，变盘信号开始显现，谨慎型的投资者当时就应该撤离。

次日，该股以一字跌停报收，彻底跌到了布林通道之外，形成了明显的破位布林线形态，进一步加强了下跌信号。那么此时场内还在观望的投资者就不能再继续停留了。

从后续的走势可以看到，该股一直跌到11.00元价位线附近才减缓了跌势，开始走平横盘，很快便回到了布林通道之内。

但这并不意味着投资者可以买进了，因为K线一直维持着极小幅度的收阳，而且在进入10月后更是几乎完全走平，震荡幅度更小了。在这种情况下，后市情况不明，投资者依旧不可贸然介入。

一直到10月下旬，该股才开始变盘向上，形成明显的反弹走势，而且短时间内的反弹幅度还不小。这个时候才是投资者尝试建仓做多的时机，不过一定要注意仓位管理。

2.3.5 布林通道开口、收口与紧口

经过数个案例的学习后，投资者应该了解了布林通道跟随股价震荡而缩放的特性，将这种特性归纳总结，可大致分为通道开口、收口和紧口三种类型，下面先来介绍布林通道的开口与收口。

（1）布林通道的开口与收口

布林通道的开口与收口应当是指标运行过程中最为常见的两种通道形态。其中，开口指的是当股价短时间内出现剧烈震荡时，布林通道为适应并限制住个股，上下轨线向两边张开的形态，如图 2-28 所示。

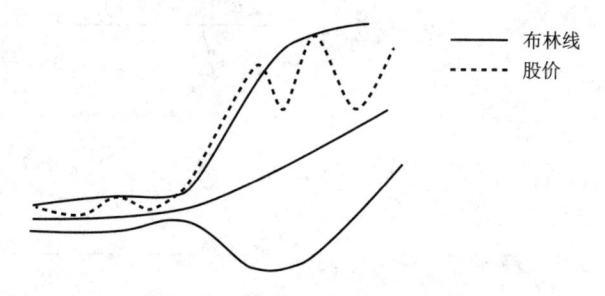

图 2-28 布林通道开口示意图

而布林通道的收口是指股价从一段涨跌趋势中缓和过来，进入窄幅震荡区间或是横盘整理阶段，使得布林上下轨线跟随收缩的形态。具体形态就是布林通道开口的翻转，投资者根据图 2-28 就可以观察到。

根据股价涨跌趋势的不同，布林通道又会分为向上开口、向下开口、向上收口和向下收口四种形态。不同形态传递出的信号会有很大差别，比如，当布林通道向上开口时，就说明股价是向上发生了变盘，并且短期涨幅较大，对于投资者来说是较好的买进信号。但如果布林通道是向下开口的，股价就有极大概率在短时间内急速暴跌，释放出的自然就是尽快撤离止损的信号。

注意，这里的向上和向下开口指的是布林三线在通道开口后同步运行的方向，并非指开口当时的三线状态。当然，若投资者只观察K线与布林中轨线之间的关系，就可以在开口的第一时间判断出股价变盘的方向，进而迅速跟进或撤离。

下面通过宝兰德（688058）与中文在线（300364）两个案例，详细解析布林通道的开口与收口形态。

实例分析
宝兰德与中文在线布林通道开口与收口分析

图2-29为宝兰德2021年12月至2022年6月的K线图。

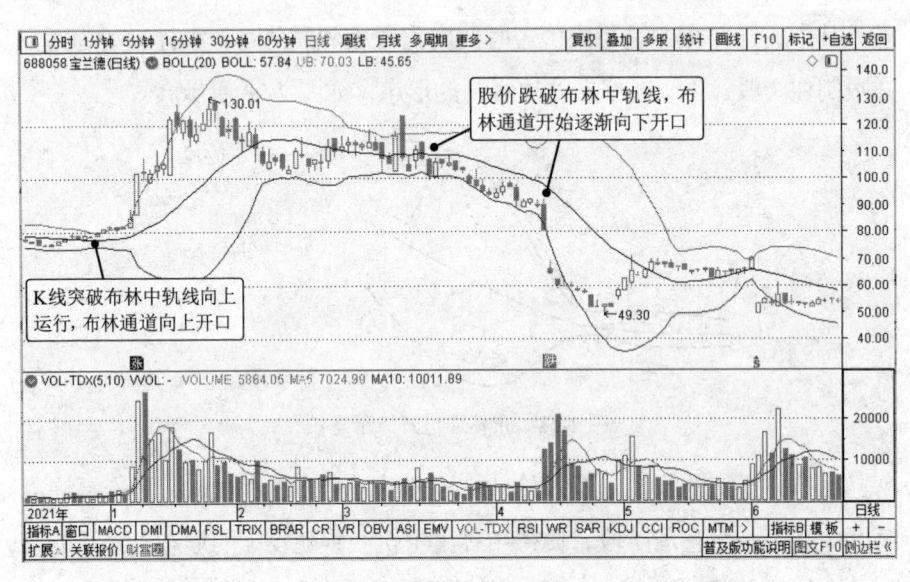

图2-29 宝兰德2021年12月至2022年6月的K线图

从图2-29中可以看到，宝兰德经历了两次布林通道的开口，并且方向还有所不同。第一次是在2022年1月初，该股刚刚结束横盘震荡，在缓慢回升的过程中就突破了布林中轨线，但由于布林通道还未呈现出明显开口的迹象，投资者买进时不可重仓。

此后不久，股价就进入了急速的拉升之中，成功带动布林上下轨线向两边张开，形成了开口形态，这时投资者就可以考虑加仓了。

在短暂的开口后，随着股价涨势的逐渐稳定，布林三线开始同步上行，预示着涨势的持续，投资者可一直持有。

不过，到了1月底，该股在130.00元价位线附近滞涨，随后进入了下跌之中，K线很快便跌破了布林中轨线。这就说明此次的拉升已经结束，在后市走势不明的情况下，投资者还是先行出局为佳，避免高位被套。

进入2月后，该股在100.00元价位线的支撑下开始横盘震荡，但后续反弹的最高点也没能接近130.00元价位线，而且布林中轨线也有继续下行的趋势。这意味着股价在未来很可能会变盘下跌，场内投资者应保持高度警惕。

到了3月中旬，K线再次跌破布林中轨线，并长期保持在其下方运行。3月底，股价跌势越发明显，K线开始连续收阴，使得布林通道逐渐向下开口，看跌信号更加强烈。

进入4月后，该股再次加快跌速，终于让布林通道彻底向下开口，形成了明显的卖出信号。再加上此时股价已经跌到了80.00元价位线以下，跌幅已经非常大了，还未离场的投资者要抓紧时间离场止损。

下面来看中文在线的K线走势中布林通道是如何收口的。

图2-30为中文在线2022年11月至2023年5月的K线图。

从图2-30中可以看到，中文在线在2022年11月到2023年5月整体是趋于上涨的，那么布林通道呈现出的就是向上的收口。

在2022年11月下旬，布林通道在形成一次开口后随着股价的受阻走平，布林上下轨线开始向中轨线靠拢，布林通道整体收缩，形成了一次向上收口的形态。

很显然，这是市场整理浮筹、横盘蓄势的表现，未来变盘向上的概率比较大，中长线投资者可一直持有等待，短线投资者若想卖出兑利也是可以的。

横盘整理持续到2023年1月底，该股终于有了明显的变盘表现。K线开始连续收阳上涨，很快带动布林通道向上形成开口，又一个建仓和加仓的机会来临了。

不过此次上涨没有持续太长时间，该股在上涨至 15.00 元价位线附近后就滞涨回落，并再度形成了横盘整理。布林通道紧紧跟随，形成了向上的收口，投资者此时的操作策略依旧可以按照以往的进行。

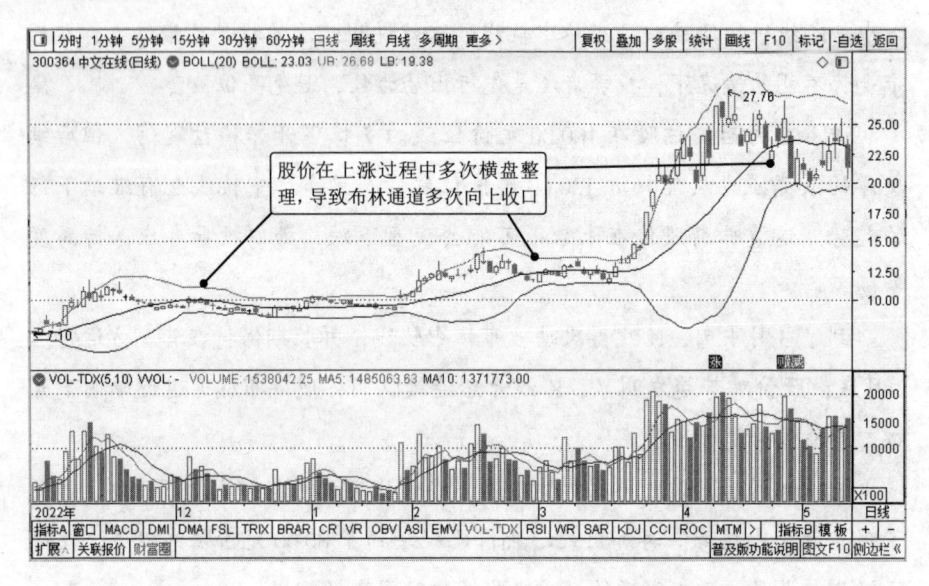

图 2-30　中文在线 2022 年 11 月至 2023 年 5 月的 K 线图

3 月中旬之后，股价开启了下一波拉升。此次拉升速度相较于前期有了明显的加快，涨幅也大了不少，所以，布林通道的开口幅度也有所增加。

当股价在 28.00 元价位线下方受阻回落后，布林通道自然再次收口。相信此时投资者的收益已经比较丰厚了，那么借此机会卖出也是十分合理的，毕竟持股时间也足够长，及时兑利才能更好地控制住风险。

（2）布林通道的紧口

布林通道的紧口是在收口的基础上形成的，当股价经历一番涨跌后进入横盘整理，布林通道会自然收口，但如果横盘过程中的震荡幅度逐渐缩小，布林上下轨线就会越发向内靠拢，导致布林通道进一步收紧，具体如图 2-31 所示。

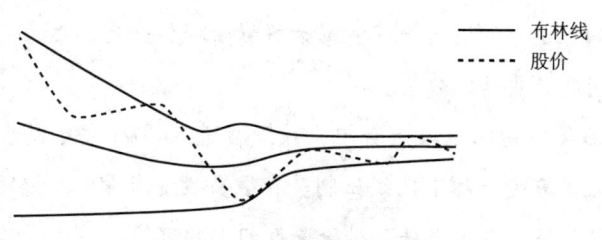

图 2-31　布林通道紧口示意图

由此可见，布林通道的紧口意味着股价的横盘整理趋于稳定，同时也说明变盘时机在延后。而且由于 K 线在此期间可能会与布林中轨线反复交叉震荡，投资者也很难判断出未来的走势，因此，在短时间内没有变盘迹象的情况下，投资者最好不要轻易买卖。

下面来看具体的实战解析。

实例分析

石英股份（603688）布林通道紧口分析

图 2-32 为石英股份 2020 年 12 月至 2021 年 8 月的 K 线图。

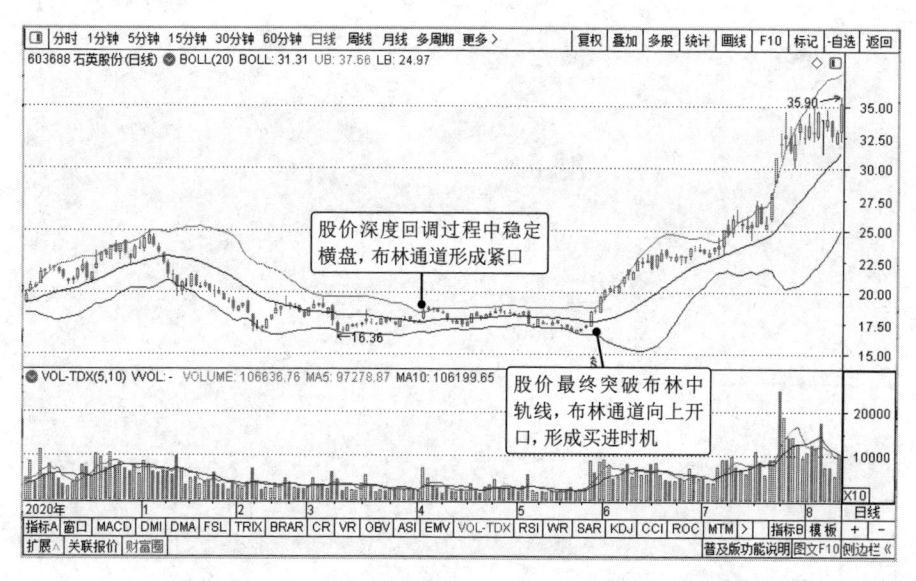

图 2-32　石英股份 2020 年 12 月至 2021 年 8 月的 K 线图

一般来说，股价在什么样的行情中形成横盘，未来变盘的方向就大概率会是什么方向。这样的运行规律能够为投资者提供一定的参考，但也不是绝对的，具体问题还要具体分析。

比如在石英股份的这段走势中，该股在进入2021年1月后就进入了下跌之中，并且长期受布林中轨线压制。在很多投资者看来，该股此时可能已经转为了下跌行情，不过也并不排除深度回调的可能。

从后续的走势中可以看到，该股在2月到5月几乎一直在横盘震荡，并且震荡幅度在逐渐缩小，导致布林通道形成了紧口形态。

从近期来看，该股正处于下跌之中，股价在横盘结束后是有可能继续下跌的，但从远期来看，该股已经经历了很长一段上涨行情，未来上涨可能性较小。那么投资者在拿不准的情况下，还是以观望为佳。

5月底，该股终于做出了方向选择，K线开始连续收阳上涨，成功突破到了布林中轨线之上，并带动布林通道向上开口。这就说明该股的整体趋势还是向上的，前期只是一段深度回调而已。此时的投资者就可以尝试着加仓，或者重新建仓买进了。

第 3 章

经典理论做高抛低吸

股市中存在大量的炒股理论,有些经历了大量的实战与验证,已经成为经典,比如波浪理论、江恩理论、箱体理论等。而在这些理论中,也有许多能够对波段分析操作起到很好的辅助分析作用,本章就来为投资者逐一进行讲解。

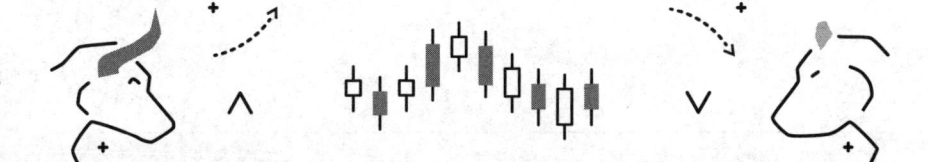

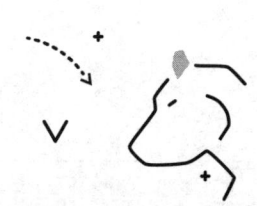

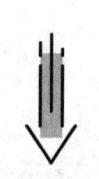

3.1 波浪理论：波段操作的关键理论

波浪理论应该算是股市中实战性较强的经典理论之一了。它经过几十年的演变和验证，至今已经成为许多技术分析方法的理论基础。

最重要的是，波浪理论对波段操作的助益几乎是所有经典理论中最大的，因此，值得波段投资者深入研究。

下面就先来了解波浪理论的概述内容。

3.1.1 波浪理论概述

波浪理论认为，股市的每个完整循环都会分为几个波段，并且时间的长短不会改变波浪的形态，波浪可以拉长，也可以缩短，但其基本形态永恒不变。因此，波浪理论将一段完整的涨跌周期分为八段。

在上涨周期中有五个波段，分别标注为浪1、浪2、浪3、浪4和浪5，其中，浪1、浪3和浪5属于上涨行情的推动浪，浪2和浪4属于上涨行情的调整浪。

而下跌周期则由三个波段构成，分别标注为浪A、浪B和浪C，其中，浪A和浪C属于下跌行情的推动浪，浪B属于下跌行情的调整浪，具体如图3-1所示。

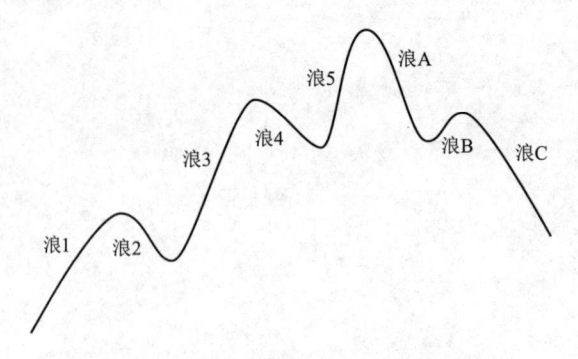

图3-1 波浪理论示意图

正是因为这八段波浪走势的规律性较强，波浪理论有时候也被称为八浪循环理论。不过需要注意，一个较大的八浪循环中可能会嵌套更小一轮的循环，比如在一段长达数月的涨跌周期中，个股经历了一次大循环，但在其中的浪3和浪4之中，可能又会形成一个小的八浪循环，就像下面这个案例一样。

实例分析

五粮液（000858）大循环中嵌套的小循环

图3-2为五粮液2020年7月至2021年9月的K线图。

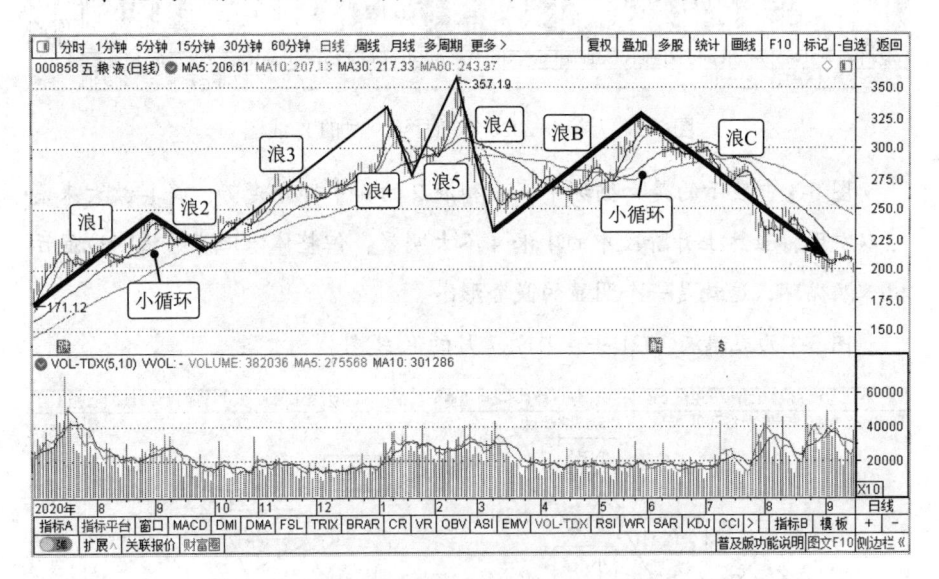

图3-2　五粮液2020年7月至2021年9月的K线图

在五粮液的这段大循环中，八段波浪的形态都十分清晰，并且几乎每一段波浪都持续了一个月以上，有的波浪甚至拉长到了三个月，比如浪3。而从整体来看，五粮液的大循环持续了一年多的时间。

如此长时间的波段运行，使得每个波浪中都充满了次一级的震荡走势。若投资者仔细观察，就可以发现一些比较完整的嵌套小循环。

图3-3为五粮液2020年7月至9月的K线图。

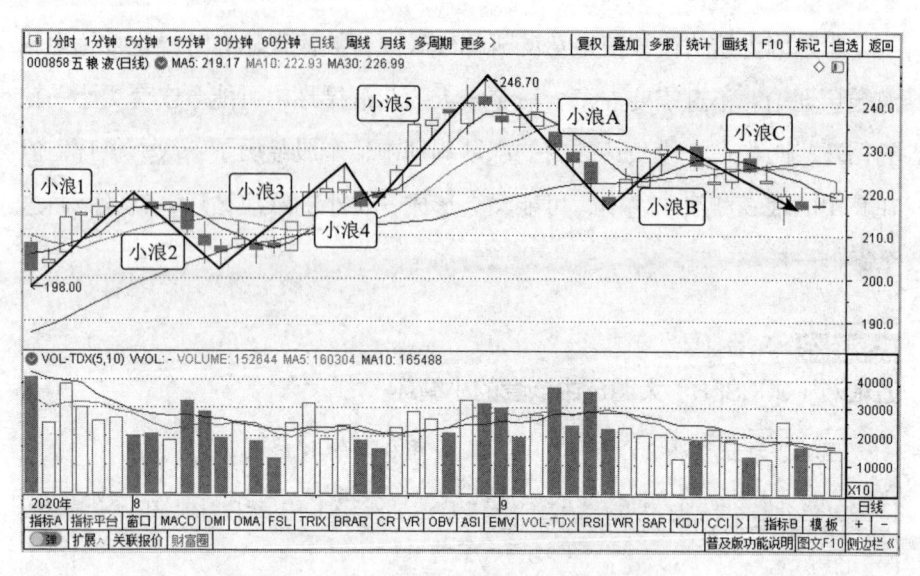

图3-3 五粮液2020年7月至9月的K线图

图3-3中展示的是大循环中浪1和浪2的其中部分走势,将其放大来看可以发现,虽然上升阶段中的小浪4不太明显,但整体依旧能够清晰地显示出八浪循环,这就是一个明显的嵌套形态。

图3-4为五粮液2021年4月至7月的K线图。

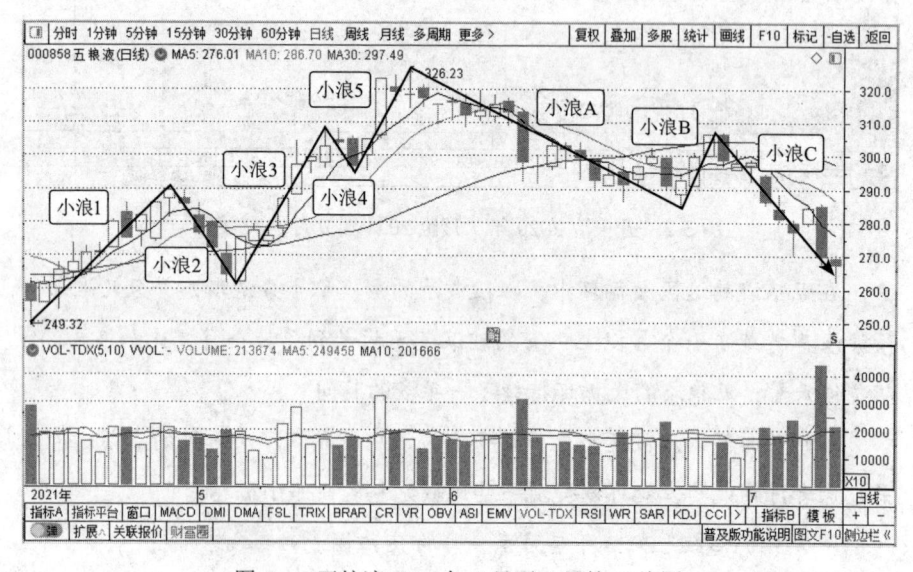

图3-4 五粮液2021年4月至7月的K线图

图 3-4 中展示的是大循环中浪 B 和浪 C 的部分走势，从 K 线图中可以看到，在这段走势中，虽然小浪 4 稍显短小，但八浪循环的形态也是比较清晰的，这也属于一个嵌套小循环。

从理论上来说，只要个股的涨跌周期足够长，其中就可能嵌套数层八浪循环。这是波浪理论的一大特色，也正因如此，波浪理论适用于大部分持股周期不同的投资者，应用十分广泛。

下面就针对八浪循环中的各个波段进行详细解析。

3.1.2　上升趋势推动浪低吸

上升趋势当中的推动浪为浪 1、浪 3 和浪 5，这三浪负责拉升股价，也是整个八浪循环中最具投资价值的三浪。那么投资者就很有必要抓住时机，在三浪启动时，甚至启动之前低吸建仓，抓住后续涨幅。

不过，在八浪循环开始构筑时，很多投资者是看不出个股在未来是否能够走完整个循环的，而且也不能完全确定每一浪的具体起始点。因此，投资者只能进行初步假设，然后在股价运行过程中不断验证、推翻、再假设、再验证……直至八浪循环结束，才能彻底确定每一浪的走势。

这个过程比较考验投资者的技术分析功底，而且对风险承受能力和心理素质也有一定的要求。所以，投资者在刚开始实战时不必追求完美，没必要持股到最后一浪才结束，只要能够抓住其中一段或几段推动浪就可以了，短线投资者还可以分段进行买卖，降低被套风险。

下面就选择一只股票作为目标，向投资者展示从初始假设到波浪循环结束的过程中，不同周期的投资者该如何分析，如何操作更加安全。

实例分析
中矿资源（002738）上升趋势推动浪低吸

图 3-5 为中矿资源 2022 年 2 月至 12 月的 K 线图。

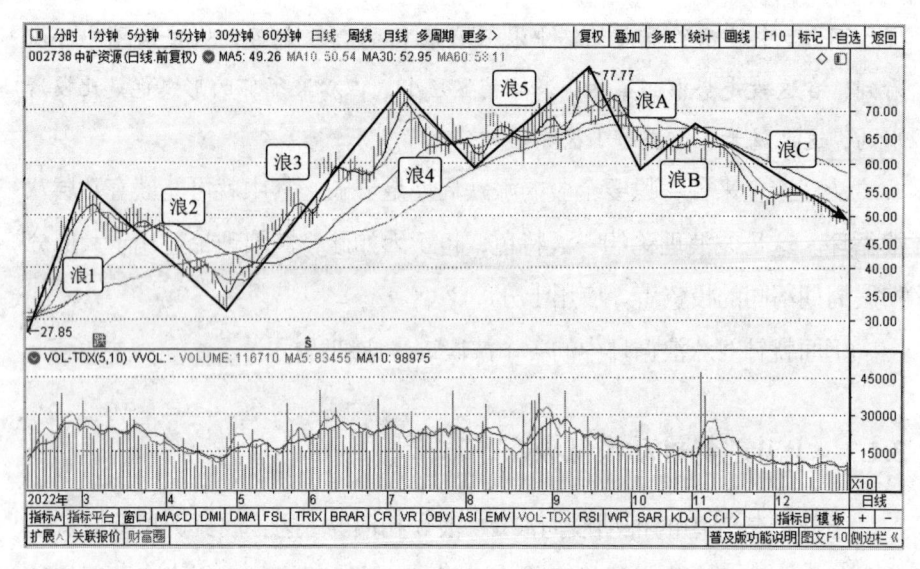

图3-5　中矿资源2022年2月至12月的K线图

从图3-5中可以看到，投资者通过标注可以很清晰地看到波浪循环中的每一个波段，但真正身处其中分析时，投资者未必能够有如此清晰的认知。因此，投资者需要进行不断的假设与验证。

首先来看浪1部分，股价从2022年2月初开始急速拉升，整段拉升稳定性比较好，所以，投资者将30.00元到55.00元的这段上涨认定为浪1是没有什么问题的，因此，也可以在相对低位建仓入场。

在此之后，股价形成了一次深度回调，一直跌到35.00元价位线附近才企稳回升。那么投资者此时就可以将其视作浪2，当股价进入下一段上涨时，浪3也就开始构筑了，投资者可以在此重新建仓或加仓。

这一波上涨一直延续到了5月底，股价上涨至55.00元的压力线附近后有所停滞，形成了一次小幅回调。根据波浪理论的要求，浪3永远不会是最短的，而此时浪3上涨高度明显低于浪1，因此，投资者不能将此处的回调认定为浪3的结束，后续还要继续观察。

数日回调结束后，股价再次上涨，但很快便在60.00元价位线上受阻。这时的浪3上涨幅度略高于浪1的上涨幅度，股价走势也基本符合浪3结束、浪4开启的要求。不过由于回调幅度较小，这一推论还需暂定，投资者可以不必急于卖出。

6月下旬，股价继续上涨，很快便突破到了70.00元价位线之上，随后形成了一次幅度较大的下跌。此时，投资者可以暂时将其认定为浪5结束，浪A形成。

按照原有推论，股价应当在此之后就进入下跌行情，并构筑浪B和浪C。但实际上，股价落到60日均线上就得到支撑回升了，而且后续还成功创出了新高，明显不符合浪B高点不破前期的要求。

因此，投资者就需要将前期结论推翻，重新将4月底到7月初的这一整段上涨认定为浪3，将股价回调到60日均线上的走势认定为浪4，最后价格创新高的过程才是浪5。

在此之后，股价也很快进入了下跌，并构筑出了符合标准的下跌三浪，至此，整段八浪循环才算彻底确定和结束。那么在此期间，投资者通过在上升浪低位吸纳或加仓的操作，就能够一段段地将上涨收益收入囊中。

3.1.3 上升趋势调整浪高抛

上升趋势中的调整浪为浪2和浪4，其实就是两次幅度较大的回调，而回调的初始位置却是波段操作投资者兑利的关键。

一般来说，一段比较完整、标准的八浪循环需要持续数月之久，在此期间操盘的不仅有中长线投资者，一些短线投资者也会参与其中。这部分投资者风险承受能力较低，操作特点也是快进快出，因此，需要借助调整浪来及时兑利，完成一次买卖。

上一个案例中已经详细介绍过波浪循环的假设和验证了，本案例就不再重复分析，而是直接进入调整浪高抛的操作解析中。

实例分析

江山欧派（603208）上升趋势调整浪高抛

图3-6为江山欧派2020年1月至12月的K线图。

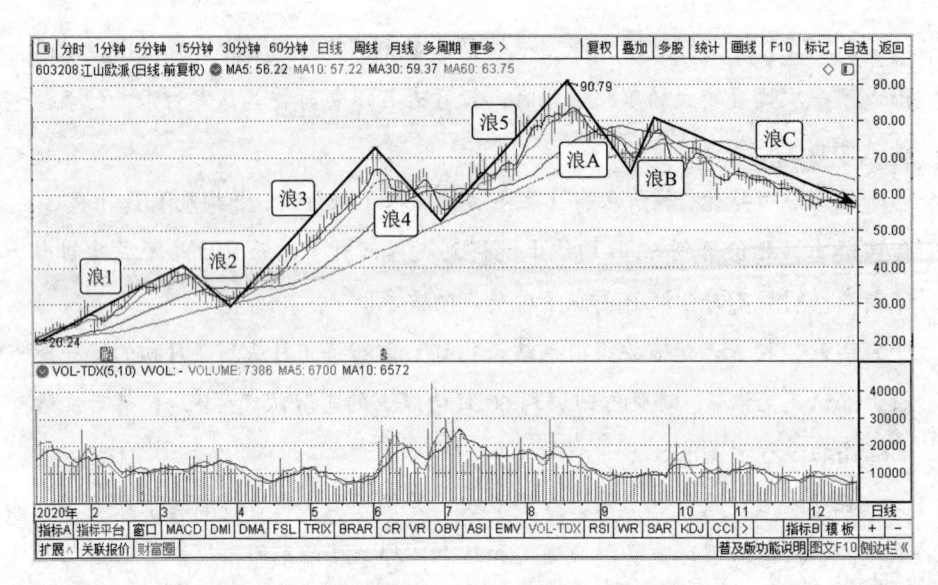

图 3-6　江山欧派 2020 年 1 月至 12 月的 K 线图

从图 3-6 中可以看到，江山欧派用了大约一年的时间，走完了一段完整的八浪循环。在上升期间，三大推动浪都起到了关键的助涨作用，不少投资者也借助推动浪吸纳了不少筹码。不过，为了及时将筹码转化为利润，投资者还需要关注调整浪的形成。

在 2020 年 1 月到 3 月初，是浪 1 形成的阶段。股价一直上涨到 40.00 元价位线附近才受到了明显的阻碍，反复突破失败后转入了下跌，开始构筑浪 2。那么在股价转势下跌的过程中，波段操作投资者就可以借高出货，将前期收益落袋为安了。

待到股价回调结束，浪 3 也就开始形成了。经历两个多月后，股价已经来到了 70.00 元价位线上方，这时该股相较于浪 3 起始位置的 30.00 元，涨幅约为 133%，可以说是非常惊人了。那么当股价滞涨回调时，投资者就能够大致判断出浪 4 即将到来，进而借此机会将筹码抛售，完成一次完整的波段买卖操作。

6 月底，股价跌到 60 日均线上后企稳，随后很快转入了下一波拉升，也就是浪 5 之中。浪 5 很快突破浪 3 顶部，不断创出新高，最终在 90.00 元价位线附近结束上涨。

在此之后，股价就转入了下跌之中，后续形成的反弹也没能突破前期高点，进一步证实了上涨趋势的结束。那么投资者也可以彻底离场，另寻其他仍处于上涨中的个股进行操作。

3.1.4 下降趋势推动浪高抛

下降趋势中的推动浪为浪 A 和浪 C，主要负责延续下跌趋势。其中的浪 A 更是与浪 5 衔接，预示着上涨趋势的结束及下跌行情的开启，对于波段操作投资者来说是很重要的卖出节点。

当然，要准确判断出浪 A 来临不是那么容易的，股价是否真正进入了下跌行情，有些时候需要借助其他因素辅助分析，比如均线、成交量等，这些在下面的案例中会进行详细介绍。

一般来说，浪 5 结束转入浪 A 后，K 线会在短时间内出现比较迅猛的下跌，将价格带到低位。在此过程中，均线组合是很有可能被彻底跌破的，这就是一个行情转变的信号。

除此之外，在浪 5 运行过程中，成交量也可能产生异动。比如在股价上涨的过程中，成交量却出现了回缩，二者形成背离，这种情况就是比较典型的上涨动能不足、涨势即将到达尽头的表现。这时投资者若发现 K 线转势下跌，基本上就可以先行判定浪 A 形成了。

至于浪 C 则是比较容易分析出来的，因为浪 B 的高点无法越过浪 5，就已经基本确定了下跌行情的形成，那么后续形成的浪 C 很明显代表的是卖出信号，投资者这时就要注意止损撤离了。

接下来通过一个案例了解投资者在下跌趋势推动浪起始时的操作。

实例分析

联泓新科（003022）下降趋势推动浪高抛

图 3-7 为联泓新科 2021 年 4 月至 12 月的 K 线图。

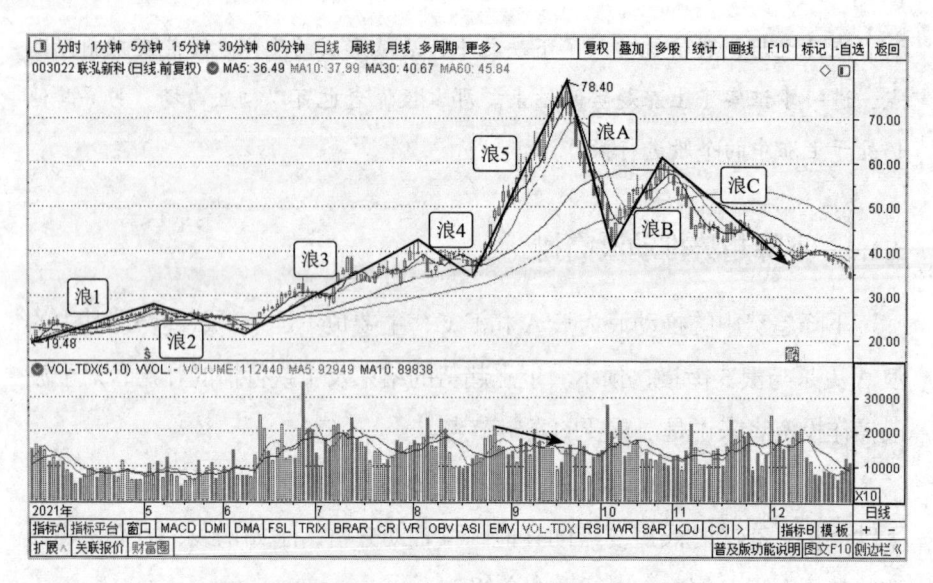

图 3-7　联泓新科 2021 年 4 月至 12 月的 K 线图

在联泓新科的这段走势中，均线和成交量都分别形成了相应的看跌信号，下面来仔细观察。

在经历了长达数月的较缓和的上涨趋势之后，联泓新科于 2021 年 8 月下旬开启了一波急速拉升。通过对前面波浪形态的分析，投资者还是可以判断出浪 5 的，那么在此期间就会有不少投资者跟随入场做多。

不难看出，此次股价无论是上涨的幅度还是速度，都远超前期。但观察成交量发现，量能只是在前几个交易日持续放大了，后续股价拉升的过程中，量能却出现了明显的回缩，与 K 线之间形成了量缩价涨的背离。

一般来说，在股价高位形成的量缩价涨都属于涨势将尽的信号，再加上此次拉升构筑的是浪 5，后市股价转势下跌的可能性增加了不少，投资者一定要注意防范下跌风险，必要时提前离场。

9 月中旬，该股在 78.40 元上止涨后很快收阴下跌，跌速甚至比前期拉升速度还快，数日后就将两条中长期均线跌破了，更加证实了下跌趋势的来临。那么此时，即便是惜售的投资者也基本能看出浪 A 正在形成了，因此，及时止损才是明智决策。

从后续的走势中也可以看到，该股形成的反弹在 30 日均线上就受阻回落了，浪 C 的形成是对下跌信号的进一步证明，还未离场的投资者应尽快在浪 C 的起始位置高抛出货。

3.1.5 下降趋势调整浪低吸

下降趋势的调整浪指的就是浪 B。对于大部分投资者来说，浪 B 是用于判断下跌趋势是否彻底形成的依据，很多投资者，尤其是中长线投资者是不会将其当作获利机会看待的。

不过股价走势变幻莫测，投资者的具体决策也会根据个人操作风格的不同而相差甚远。在浪 B 的起始位置，可能有投资者判断失误加仓跟进，也可能有投资者就是要抢反弹而建仓入场。而一些被套的投资者还可以利用此次机会低吸高抛，抵销一部分损失。

下面来看一个实例解析。

实例分析

嘉诚国际（603535）下降趋势调整浪低吸

图 3-8 为嘉诚国际 2020 年 6 月至 2021 年 1 月的 K 线图。

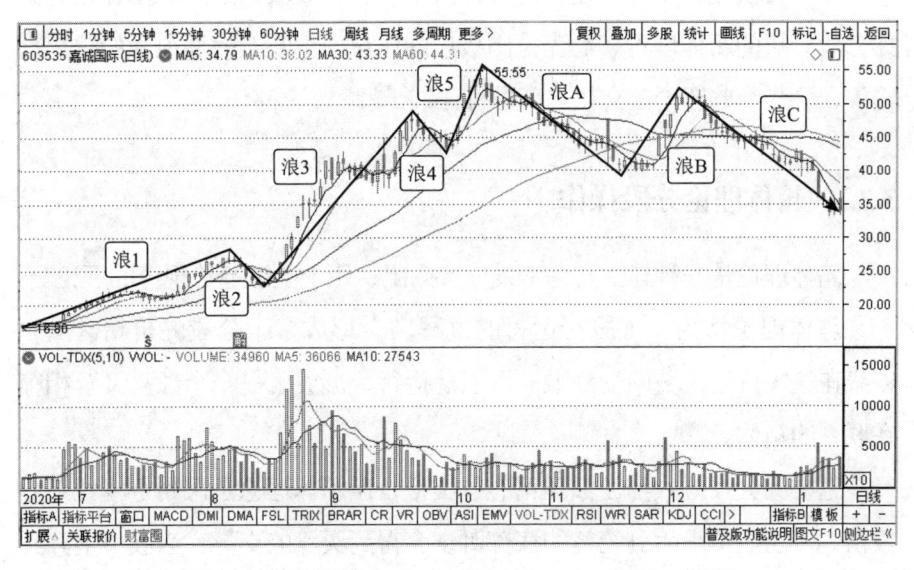

图 3-8　嘉诚国际 2020 年 6 月至 2021 年 1 月的 K 线图

从嘉诚国际的这段走势中可以看到，经历了从浪1到浪5的上升趋势后，股价在2020年10月中旬转入了下跌，并接连跌破了两条中长期均线，形成了明显的下跌信号，浪A也已形成。

11月中旬，股价在跌至40.00元价位线附近后得到支撑，横盘数日后有形成反弹的趋势。即便投资者这时还无法完全肯定该股的上涨潜力是否已经消耗殆尽，但在此适当建仓试探后市涨幅，也是可以尝试的。

11月底，股价冲上了50.00元价位线，短期涨幅已经是比较可观的了，至少短线投资者能够获利不少。

不过，该股在该压力线附近一段时间后没能继续上涨，而是转入了下跌之中，彻底确定为浪B的结束和浪C的开启。那么投资者及时卖出，就能够获取约25%的收益，对于抢反弹和解套的投资者来说都是十分有利的。

3.2 其他经典理论的波段分析

除了波浪理论以外，还有许多经典理论也对波段操作有辅助作用，比如分段分析的箱体理论、涵盖范围极广的江恩理论及实战性很强的缺口理论等，这些经典理论都会在本节进行详细讲解。

3.2.1 箱体理论分段操作

箱体理论是一种建立在趋势发展方向上，用于验证趋势规律的理论。

箱体理论认为，个股在运行的过程中会形成多个分段的价格区域，K线在这些价格区域内受到限制而震荡运行，形成了一个个独立又互相存在联系的箱体。

这样的分段方式与波浪理论有些类似，但箱体理论是采用方框式划分段落。当股价滑落到箱体的底部时，会得到买盘的支撑；当股价上升到箱体的顶部时，会受到抛压的阻碍。一旦股价有效突破原箱体的顶部或跌破底部，就会进入一个新的箱体里运行，原箱体的顶部或底部将成为重要的支撑位或压力位。

由此可见，箱体理论完全可以应用于波段操作之中。但如何合理地划分出箱体，怎样确定K线对箱体的有效突破和跌破，也是投资者需要深入学习的内容。

下面就借助个股的上涨行情，向投资者解析箱体的划分过程。

实例分析

绿盟科技（300369）箱体理论分段操作

图3-9为绿盟科技2018年10月至2020年2月的K线图。

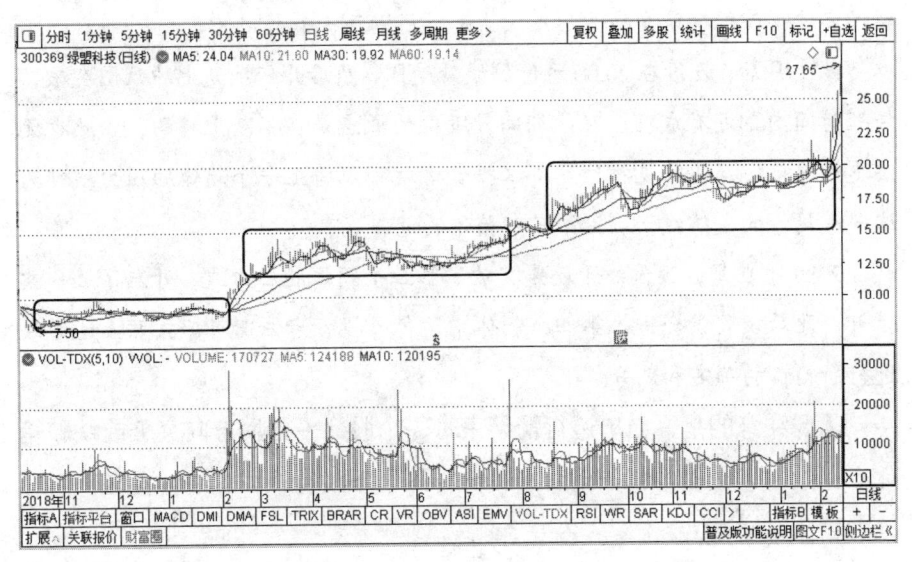

图3-9　绿盟科技2018年10月至2020年2月的K线图

图3-9展示的是绿盟科技的上涨行情，从K线图中可以看到，在长达一年多的时间内，绿盟科技的股价一直处于较为稳定的上升趋势之中，在此期间形成的多次回调和横盘整理为划分箱体创造了机会。

首先来看2018年10月到2019年1月的这段走势，该股从7.00元价位线附近开始止跌回升，一直上涨至10.00元价位线左右才受阻，随后形成了长期的横盘。

在此期间，K线走势就形成了第一个比较明显的箱体，支撑线自然是股价止跌回升的位置，而压力线则是股价反复上涨都难以突破的10.00元价位线。若股价能够在后续彻底突破这一压力线，整个行情就会进入下一个箱体之中运行。

进入2月后，股价很快成功突破到了10.00元价位线之上，脱离了第一个箱体。在后续的走势中，该股受到15.00元价位线的阻碍而回落震荡，低点落在12.50元价位线附近。此时，第二个箱体的支撑线和压力线也得到了确定，投资者可继续关注。

到了7月底，股价开始连续上涨靠近压力线，并在一次收阳的过程中实现了突破，回踩确认支撑力后继续上涨，进入下一箱体之中。

两个月后，股价在20.00元价位线处受阻，然后开始反复上冲试图突破，但短时间内都没有成功。在此期间，股价的低点是在不断上移的，由此也无法更好地确定箱体的支撑线，那么投资者就可以将上一个箱体的压力线作为这一个箱体的支撑线，确定第三个箱体的范围。

2020年2月，股价终于还是突破了第三个箱体的压力线，开启了又一波拉升。此后该股就会进入第四个箱体中运行，投资者依旧可以按照上述方法进行新箱体的确定和划分。

需要注意的是，当单边行情结束时，个股会沿着反方向突破或跌破箱体。比如上述案例中，如果后续股价转入了下跌行情，K线就会自上而下跌破箱体支撑线。

不过，虽然运行方向改变了，个股后续仍旧会进入下一箱体中运行，行情的转变并不会影响箱体的划分。

3.2.2　箱体中的买卖点

在学会了划分箱体后，投资者应当明白了如何利用各个箱体进行波段操作。很显然，股价在箱体中震荡是有一定规律的，只要投资者划分得当，完全可以趁着股价回落到箱体支撑线附近时低吸建仓，然后在其上涨受阻时高抛，就可以赚取这一波短期收益。

除此之外，K 线成功向上突破箱体的位置也算一个低吸点，但前提是投资者能够确定后续的上涨趋势，如图 3-10 所示。

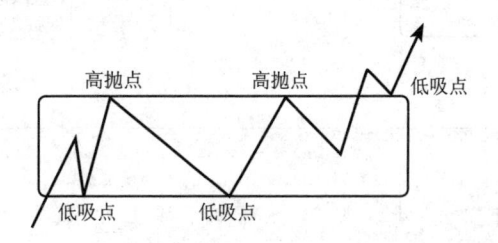

图 3-10　箱体内部示意图

当然，持股周期较长的投资者也可以多持有几个上升箱体再卖出。但如果投资者参与的是下跌行情中的箱体，最好还是以短线操作为主，快进快出，尽量避免深度被套。

接下来就进入案例解析之中。

实例分析
科士达（002518）箱体中的买卖点

在前面的案例中已经介绍了上升行情中的箱体划分方法，那么本案例就不再详细解析，而是直接通过划分好的箱体来进行买卖操作解析。

图 3-11 为科士达 2022 年 5 月至 2023 年 3 月的 K 线图。

在科士达的这段上涨趋势之中也出现了多个分段，通过对前面案例的学习，投资者应该能比较轻易地划分出箱体了。

2022 年 5 月底，股价上涨至 25.00 元价位线下方后受阻，形成了近半个月的横盘震荡，低点位于 20.00 元价位线附近，那么 20.00 元到 25.00 元就是一个明确的箱体。不过由于股价震荡的幅度太小，投资者借此低吸高抛的意义不大，因此，可以先买进，但不着急卖出。

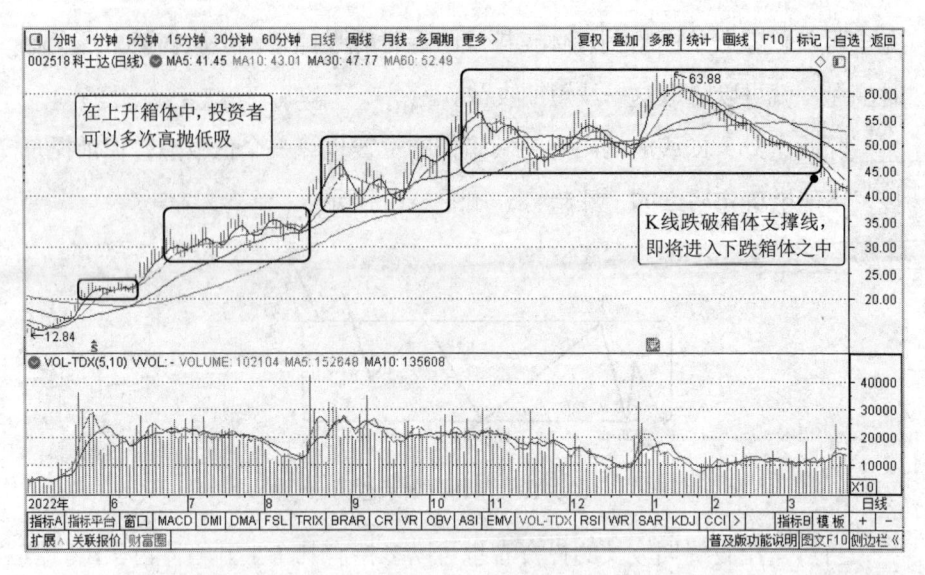

图3-11 科士达2022年5月至2023年3月的K线图

进入6月后不久，股价出现快速拉升，很快便有效突破了箱体的压力线，这就是一个很好的建仓和加仓机会。股价后续很快来到了30.00元价位线之上。在此之后，股价高点持续上移，但上移速度和幅度都在逐步下降，最终在35.00元价位线附近停滞。

此时，第二个箱体的范围已经比较明确了，压力线为35.00元价位线，支撑线则在30.00元价位线附近。该箱体范围相较前期扩大了不少，因此，投资者就可以尝试着在高处抛售前期筹码，将收益兑现后重新在低位建仓，进行下一波操作。

8月中旬，股价再次向压力线发起冲击，终于成功突破，进入下一个箱体之中，股价突破的位置也是一个低吸点。

8月下旬，股价在50.00元价位线上受阻后回落，低点在上一个箱体的压力线上止跌企稳，随后就开始了反复的震荡，并且震荡幅度比前期都大。那么在此期间，投资者依旧可以根据原有策略买卖。

10月之后，股价突破压力线进入到下一个箱体之中，但由于回落幅度较大，此次的支撑线稍低于上一个箱体的压力线，不过支撑力依旧是足够的，投资者可以继续操作。

进入 2023 年 1 月后，股价创出了 63.88 元的近期新高，涨幅相较于第一个箱体来说更是大幅提升，为投资者创造了不小的收益。

但在此之后，股价就进入了持续的下跌之中，不仅很快跌破了中长期均线，还将其带动扭转向下，预示着趋势可能发生了转变。即便 K 线还未跌破箱体支撑线，谨慎型的投资者最好也先行借高卖出。

等到了 3 月初，K 线接近了箱体的支撑线后，很干脆地就将其跌破了，进一步证实了下跌趋势的到来。那么此时还未离场的投资者也不能再惜售了。

3.2.3 江恩十二买卖法则

江恩买卖十二法则是江恩总结的股票投资经验，写成的十二条买卖法则，江恩在这十二条法则之上建立了整个买卖系统。在这十二条买卖法则中，包含了对市场趋势的分析，也有对买卖点的确定，每条法则的内容如下。

- 法则一：决定趋势。江恩认为，在所有市场中，判断趋势是最为重要的一点。对于股票而言，平均综合指数最为重要，可决定大市的趋势，而分析大市指数时，可以使用三天图及九点图。
- 法则二：在单底、双底或三底买入。当市场到达底部，出现单底、双底甚至三底并向上突破时，原有阻力成为支撑力。当市价回落至该底部形态突破位或稍低于突破位时，都是重要的买入时机。
- 法则三：根据百分比买卖。当股价在高位回落 50%，是一个买入点；当股价在低位上升 50%，是一个卖出点。
- 法则四：调整三周后买卖。当市场趋势向上时，若股价出现三周的调整，是一个买入时机；当市场趋势向下时，若股价出现三周的反弹，是一个卖出时机。
- 法则五：市场分段运行。当上升趋势开始时，通常分为三段甚至四段上升，才可能走完整个趋势；反之，在下跌的趋势中也一样。
- 法则六：利用 5 至 7 点波动买卖。若市场趋势上升，当价格出现

5至7点的调整时，可趁低吸纳。通常情况下，市场调整不会超过9至10点；若市场趋势向下，当价格出现5至7点的反弹时，可趁高卖出。

- ◆ 法则七：市场成交量。当市场接近顶部的时候，成交量通常会大增，市场可能反转；当市场一直下跌，成交量通常会持续缩减，市场可能见底反弹。

- ◆ 法则八：时间因素。当市场在上升的趋势中，调整的时间较之前一次调整的时间更长，表示这次市场下跌可能是转势；在下跌趋势中，若市场反弹的时间第一次超越前一次的反弹时间，表示市势可能已经逆转。

- ◆ 法则九：当出现新低或新高时买卖。当市价不断开创新高，表示市场趋势向上，可以追市买入；当市价不断下破新低，表示市场趋势向下，投资者可以卖出。

- ◆ 法则十：趋势逆转。当市场处于升市时，可参考江恩的九点图及三天图。若九点图或三天图下破上一个低位，就是市场趋势逆转的第一个信号；当市场处于跌市时，若九点图或三天图上破上一个高位，表示市场趋势见底回升的机会十分大。

- ◆ 法则十一：安全入货点。在市价见底回升后，市场趋势向上，出现第一个拉升，之后会有调整。当市价无力破底而转头向上，上破第一次拉升的高点时，便是比较安全的买入点；在市价见顶回落后，市场趋势向下，出现第一次下跌，之后市价反弹成为第二个较低的顶。当市价再下破第一次下跌的底部时，便是比较安全的卖出点。

- ◆ 法则十二：快速市场的价位滚动。若市场趋势快速变化，则市价平均每天上升或下跌一点；若市价平均每天上升或下跌两点，则市场变化速度已超出正常的速度，市势不会维持过久。这类市场速度通常形成于升市中的短暂调整，或者是跌市中的短暂反弹。

仔细阅读这十二条买卖法则之后，细心的投资者可以从中发现很多与其他法则的共通点，比如法则五与波浪理论和箱体理论共通，法则七则与量价理论有关联，理解和应用起来并不困难。

不过，由于江恩研究的并不是A股市场，因此，十二条买卖法则中有一些并不完全适用于我国股票市场。例如，法则六和法则十二，其中对于股价波动幅度和速度的描述可能与我国股市有所出入，所以，投资者也不能完全遵循这十二条买卖法则进行操作。

还是那句话，具体问题还要具体分析，下面就选择一只股票的完整涨跌周期来看其中包含了哪些法则。

实例分析

恒力石化（600346）江恩十二买卖法则应用

由于大部分投资者更倾向于在上涨行情中进行波段操作，因此，本案例虽然截取了恒力石化的一段完整的涨跌周期，但解析重点仍旧会放在上涨行情之中。至于下跌行情中包含的江恩十二买卖法则，也会适当提及。

图3-12为恒力石化2020年6月至2021年11月的K线图。

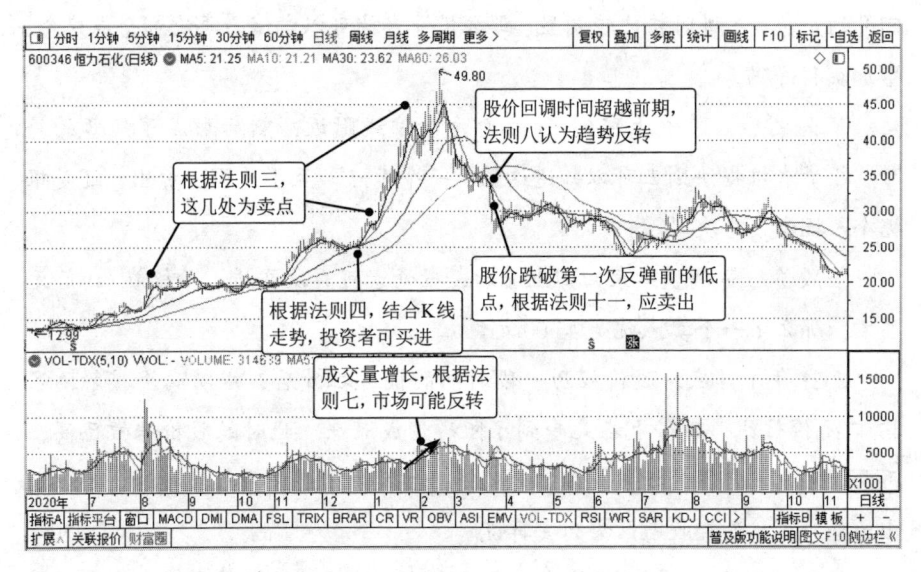

图3-12　恒力石化2020年6月至2021年11月的K线图

从图3-12中可以看到，恒力石化的股价从2020年6月初就开启了上涨，一路从 13.00 元价位线附近向上攀升。根据法则三来看，当股价从低位上升 50%，是一个卖出点。那么从 13.00 元价位线开始上涨 50%，就是 19.50 元，投资者可以在股价接触到该价位线附近时卖出兑利。

回到 K 线图中观察，可以看到该股在一路上涨至 20.00 元价位线附近后，形成了横盘整理。结合法则三来看，此处就是一个比较明确的卖点，短线投资者可以先行将收益兑现，中长线投资者若不愿意这么快离场，也可以继续观望，毕竟法则三描述的仅仅是一个卖点，并没有让投资者必须在此卖出。

股价在该价位线附近横盘近三个月后，于 11 月继续上涨了。那么此时投资者就可以重新建仓或加仓入场，买进价格在 20.00 元左右，根据法则三，下一个卖点应当在 30.00 元左右。

不过该股后续的上涨也只是来到了 27.50 元价位线附近就受阻回调了，尚未达到法则三的要求。

根据法则四，市场趋势向上时，若股价出现三周的调整，是一个买入的时机。该股此次的回调确实也达到了这一标准，再结合 30 日均线支撑股价回升的走势，买进时机比较明显，那么投资者就可以尝试着再次加仓或建仓，增加获利筹码。

不久之后，股价上涨到了 30.00 元价位线附近，然后形成了短暂的停滞。投资者根据法则三可以知道这里有一个卖点，至于是否要卖出，还是根据个人操盘策略决定。

当股价短暂调整结束回归上涨后，投资者可再次买进，价格在 30.00 元左右，那么下一个卖点就是 45.00 元。

2021 年 1 月底，股价经历一段时间的快速拉升后，成功向上接触到 45.00 元价位线，不过也在此受到了阻碍形成滞涨。此时的股价涨幅已高，再加上法则三定下的卖点出现，无论是短线投资者还是中长线投资者都以卖出为佳，先将前期收益落袋为安再说。

该股回调至 40.00 元价位线下方后企稳，随后继续拉升向上。此时观察成交量可以发现，量能有明显的放大，根据法则七，当市场接近顶部的时候，成交量通常会大增，市场可能反转。这时投资者就要保持高度警惕了。

从后续的走势可以看到，该股在创出 49.80 元的阶段新高后就快速转入下跌，基本符合法则七的预判，谨慎型的投资者要及时撤离了。

此时，投资者要注意观察下跌趋势中可能包含的法则。首先是法则八，当市场在上升的趋势中，调整时间较之前的一次调整的时间更长，表示这次市场下跌可能是转势。

而该股在 2021 年 1 月下旬的调整时间不过数日而已，即便是相较于 2020 年 12 月的调整，该股目前调整时间也已经超越了前期。并且股价落到 35.00 元价位线横盘到后期还有继续下跌的趋势，两相结合来看，市场反转概率已经非常大了。

而再过数日投资者又可以发现，股价加速下跌，彻底跌破了前期横盘低点。根据法则十一，在股价转势下跌后，跌破第一次反弹的低点时，是比较安全的卖出点。此时，在多项卖出法则叠加下，惜售型的投资者也要清仓出局了。

3.2.4 江恩回调法则

江恩回调法则也是江恩理论中的一个重要构成部分，对于波段操作来说也有重大意义。其原理稍显复杂，是根据价格水平线的概念，以 50%、75%、100% 作为回调位置，对价格运行趋势构成强大的支撑或阻碍。这里的三个数据指的是两个价格之间差值的 50%、75% 和 100%。

下面通过图 3-13 中的数据来详细解析。

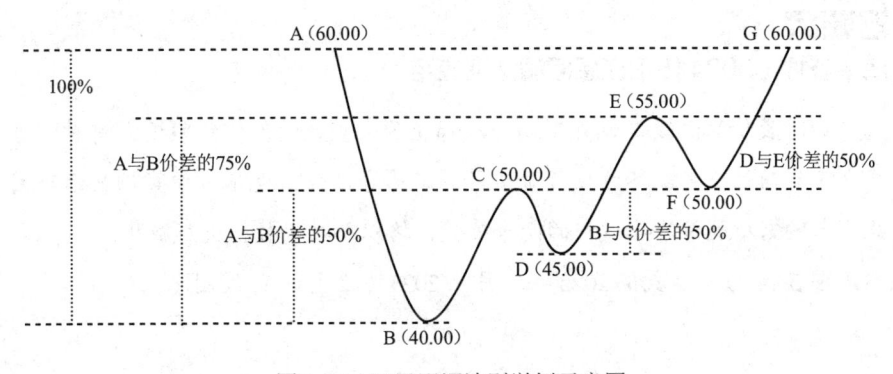

图 3-13 江恩回调法则举例示意图

图 3-13 中设定股价下跌起始点,即 A 点为 60.00 元;股价止跌企稳点,即 B 点为 40.00 元。

根据江恩回调法则的理论要求,当某只股票价格从 60.00 元最高点下降到 40.00 元最低点开始反转,价格差值是 20.00 元,这一差值的 50% 为 10.00 元,即股价上升到 50.00 元时将形成一次明显回调,回调起始点设置为 C 点。

而 50.00 元与 40.00 元差值的 50% 为 5 元,即股价回调到 45.00 元时会止跌继续上升,上升起始点设置为 D 点。

当股价上涨到最高点 60.00 元与最低点 40.00 元差值的 75% 即 55.00 元时(设置为 E 点),将再进行一次 45.00 元与 55.00 元(D 点与 E 点)差值 50% 的回调,即股价回调到 50.00 元止跌,将回调低点设置为 F 点。

最后,股价上升到 60.00 元,完成对上一个下跌阶段 100% 的回升。

江恩回调法则说起来复杂,其实就是将最高点与最低点之间的差值四等分,当股价从最低点回升时,会依次受到多条等分价位线的压制和支撑,逐级向上进行规律性的震荡攀升,最终回到最高点附近。

通过以上的解析,投资者对于江恩回调法则应该有了初步的认知和理解,那么对于如何在其中进行波段操作,相信这里也不需要再详细描述了,接下来直接进入案例解析中。

实例分析

海康威视(002415)江恩回调法则应用

由于股价的涨跌高低点不是每次都能落在整数的价格线附近,有时候可能会带有两位小数,不方便投资者计算与等分差值,也不方便案例展示。因此,本案例中就将海康威视的两个关键价格以整数代替,进行解析。

图 3-14 为海康威视 2022 年 7 月至 2023 年 2 月的 K 线图。

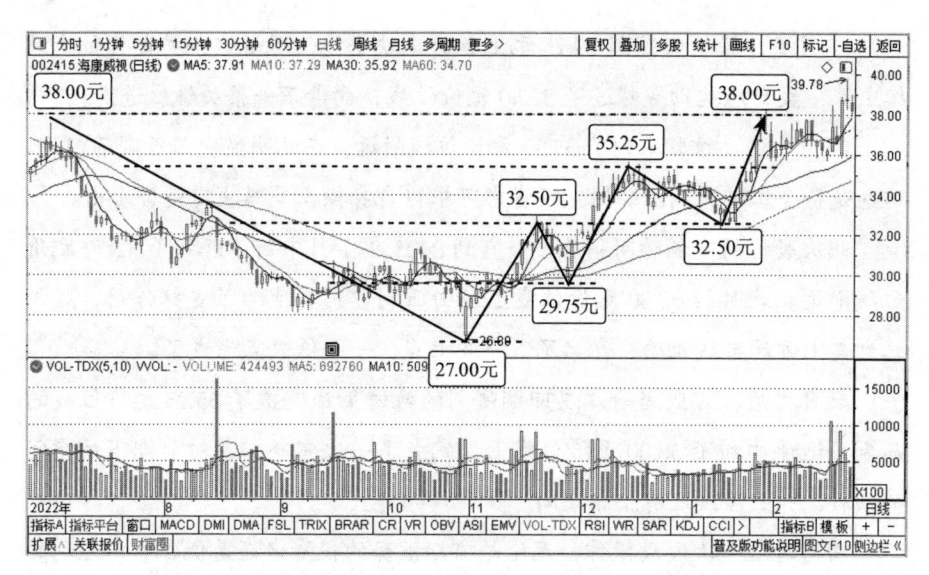

图 3-14　海康威视 2022 年 7 月至 2023 年 2 月的 K 线图

在海康威视的这段走势中，我们选择的关键点位分别是 2022 年 7 月初股价的下跌起始点 38.00 元，以及 10 月底股价的止跌企稳点 27.00 元。该股在 7 月到 10 月这段时间内也是经历了一番震荡下跌，才形成了 11.00 元的差值，奠定了后续利用江恩回调法则进行波段操作的基础。

将 11.00 元的差值四等分，可以得出 2.75 元的分段区间范围。那么以 27.00 元为起始点，依次向上分别存在 29.75 元、32.50 元、35.25 元及 38.00 元四条关键价格线。

根据江恩回调法则，股价会在这四条价格线上依次震荡，逐级向上攀升。那么波段投资者就要重点关注这四个关键价格，并及时在合适的位置作出相应的决策。

11 月初，股价开始连续收阳上涨了，第一次接触到 29.75 元价位线时稍有停滞，数日后还是积极回升，开始向上靠近 32.50 元价位线。

11 月中旬，股价上涨至 32.50 元价位线附近时确实出现了明显的滞涨和回调迹象，基本符合江恩回调法则的理论要求，短线投资者可以在此抛售一部分筹码或清仓，等待回调结束。

11月底，股价回落到29.75元上及时止跌企稳，踩着这条关键价位线继续上涨，数日后就彻底越过了32.50元价位线，向着下一条关键线进发。

12月中旬，该股来到了35.25元价位线附近，在此明显受阻后震荡回调。这也是符合江恩回调法则的，投资者可根据自身操盘策略决定是否卖出。

此次股价的回调时间稍长，一直到2023年1月中旬才落到了32.50元价位线附近。此时的32.50元价位线已经由压制作用转变为了支撑作用，股价落到其上方后自然止跌，开启了下一波上涨，一个低吸点形成了。

数日之后，该股沿着江恩回调法则的轨迹彻底突破了35.25元价位线的压制，迅速冲到了38.00元价位线上，完成了一次完整的、对前期下跌空间的回补，并且后续还有上涨空间。

而通过这一次波段操作，无论是前期被套的投资者还是低位参与盈利的投资者，相信都能够得到一个满意的结果，同时也证实了江恩回调法则的可靠与有效性。

当然，江恩回调法则只是一种理论，实际股价运行过程中还存在大量内外部因素的影响，价格不可能每次都按照回调法则上涨，否则投资者在股市中获利也不会如此艰难了。

所以，投资者在使用各种理论知识操盘时一定要注意结合实际分析，及时灵活改变策略，谨慎为重，不要盲目跟风买卖。

3.2.5 缺口理论中的向上缺口

缺口理论是一种倾向于寻找确切买卖点位的理论，相较于前面的箱体理论和江恩理论来说更加简单，也更好分析。

首先投资者要明白什么是缺口。K线之间的缺口是指由于受到利好或利空消息的影响，股价短时间内大幅上涨或大幅下跌，导致当日的最低价高于前一交易日的最高价，或者当日最高价低于前一交易日的最低价，K线之间形成真空价格区域的现象。

根据前后两根K线的涨跌性质不同，缺口也分为许多不同的情况，

图 3-15 展示的只是其中一些常见的类型。

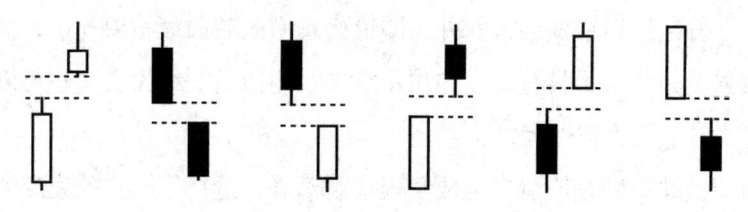

图 3-15　不同类型的缺口示意图

除了有实体的 K 线之间产生的缺口，一字涨跌停线、T 字线、倒 T 字线、十字星线等没有实体的 K 线之间更容易形成缺口。

根据缺口前后两根 K 线的位置关系，可将其分为向上缺口和向下缺口。其中，向上缺口的后一根 K 线一般是阳线或是一字涨停之类的看涨 K 线，很多时候传递出的也都是偏积极的信号。

但有些时候，向上缺口的后一根 K 线也可能是高开后回落形成的阴线，这种形态可能就是股价回调的前兆了，不过具体还是要根据实际情况分析。

除此之外，缺口理论中还有更加详细的划分。根据缺口的形成位置不同，可以分为普通缺口、突破缺口、持续性缺口和消耗性缺口四类，其所处位置大致如图 3-16 所示。

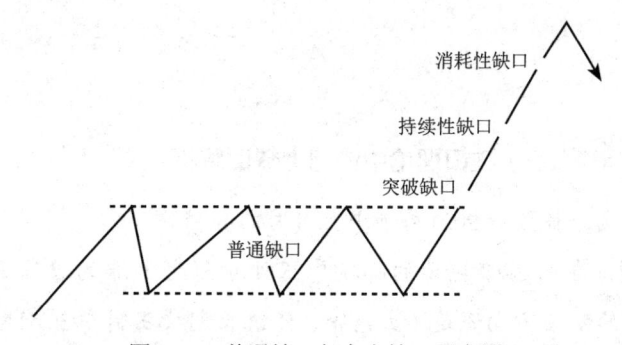

图 3-16　普通缺口与向上缺口示意图

从图 3-16 中可以看到，普通缺口是在市场交易相对冷淡、趋势偏向震荡的情况下，股价偶然波动形成的，常见于行情运行过程中的横盘震荡或是筑顶、筑底形态之中。

由于普通缺口很快会被回补（即价格真空区域后续被填充），偶然性又比较强，因此，不具有太多的预示意义，即便是短线投资者也可以不必理会，毕竟涨幅收益不大。

而突破缺口则是股价在完成整理或震荡后，选择了确定的发展方向，短期急速上涨（下跌），突破（跌破）盘整区间而形成的缺口，相较于普通缺口重要得多。尤其是向上突破缺口，是股价即将拉升的标志，也是投资者应当紧紧抓住的买进时机。

持续性缺口是在股价单向运行过程中形成的，符合当前涨跌趋势的缺口，比如上涨过程中形成的持续性缺口，就应当是向上缺口。一般而言，持续性缺口是在股价突破（跌破）关键压力线（支撑线）后才会出现的，代表的是趋势的延续和强势，投资者可借助其持续做多或做空。

至于消耗性缺口，则是四大缺口中唯一的反向预示形态。它一般形成于单向行情的末尾，也就是上涨高位或下跌低位（也可能是阶段高位或低位），是涨跌趋势即将到头，行情可能即将反转（或回调、反弹）的预兆。因此，投资者在消耗性缺口处的操作策略就是反向的。

那么接下来就以后面三类向上缺口为重点，借助一只股票来进行波段操作的解析。

实例分析

融捷股份（002192）缺口理论中的向上缺口解析

图3-17为融捷股份2021年6月至8月的K线图。

融捷股份在图3-17显示的阶段中正处于稳定上涨的过程中，不过在2021年6月的发展方向还是不太清晰，K线长期被压制在30日均线下方，上涨速度十分缓慢。

这样的走势一直持续到7月初，K线在收出一根长实体阳线成功越到均线组合之上，次日股价大幅向上跳空开盘，然后继续上涨，形成了一个向上

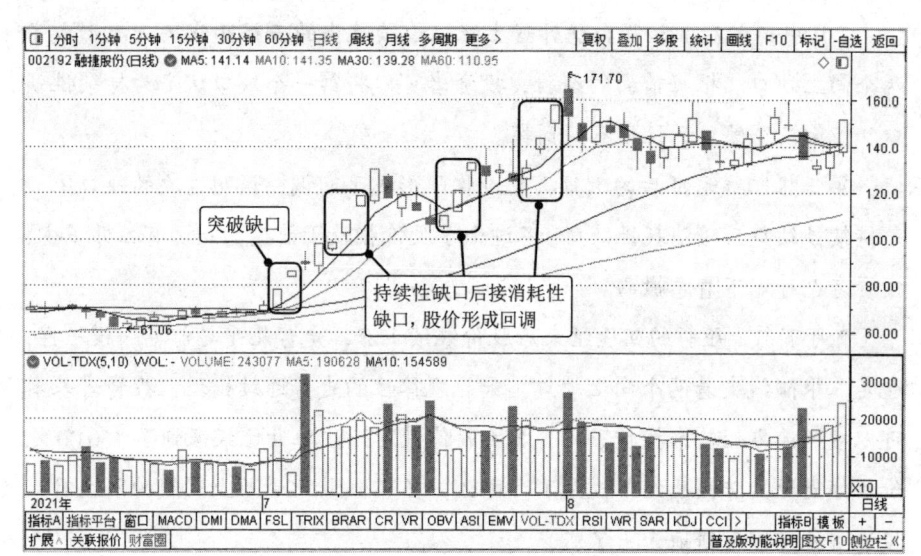

跳空的缺口，成功突破到了前期高点之上。

图 3-17　融捷股份 2021 年 6 月至 8 月的 K 线图

这就是一个典型的突破缺口，结合前一根长实体阳线，传递出了明确的拉升信号，此时的投资者就可以尝试着建仓入场了。

从后续的走势可以看到，该股连续数日都维持在 5 日均线上运行，说明此次涨势十分迅猛且稳定，投资者可一直持有。

7 月上旬，连续收阳的三个交易日之间形成了两个向上缺口，根据当前走势来看，初步可判断为两个持续性缺口。不过在第二个缺口形成后，股价在 130.00 元价位线上受阻，随后形成了数日的回调。

这说明此处第二个缺口应当被认定为消耗性缺口，不过在股价回调之前投资者还很难准确判断出来，这时候就要根据价格的上涨幅度来大致预判了。

股价从 70.00 元价位线附近上涨到此处第二个缺口的 120.00 元，涨幅约为 71.43%。若是根据江恩十二买卖法则中的法则三，投资者早在此处第一个缺口处就可以卖出了。

因此，谨慎型投资者是有机会提前预判回调到来的，进而提前在消耗性缺口处撤离。不过其他投资者没来得及借高离场也没关系，因为从股价的未来趋势来看，后续还是有上涨空间的。

7月中旬之后，该股企稳开始上涨，连续收出的三根阳线又一次形成了两个向上缺口。根据前面的经验，投资者可以将第一个缺口认定为持续性缺口，但第二个缺口的性质有待商榷。

第三根阳线形成后的次日，股价收阴形成了回调，说明这次的缺口依旧是持续性缺口后接消耗性缺口。不过由于股价相较于前期高点没有拉升多少，投资者也可以不着急撤离。

7月下旬，短暂的回调结束后股价继续上涨，走势几乎与前期一模一样，也是三根阳线夹着两个向上缺口。如此规律性的走势连续出现，投资者基本可以按照前期经验来操作了，再加上股价最后一波拉升已经来到了160.00元价位线附近，涨幅已经比较大了。那么，当K线收出带长上影线的阴线时，投资者就可以果断地卖出了。

3.2.6 缺口理论中的向下缺口

向下缺口也有同样的类别划分，即股价震荡过程中的普通缺口、股价跌破关键支撑线的突破缺口、下跌过程中形成的持续性缺口及下跌末尾的消耗性缺口，如图3-18所示。

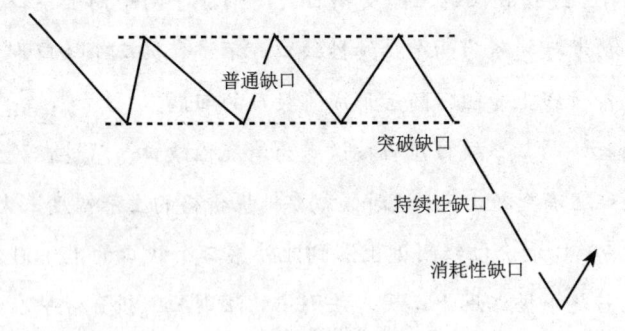

图3-18 普通缺口与向下缺口示意图

除了普通缺口依旧不存在太大意义之外，其他三类向下缺口预示的含义与向上缺口正好相反。不过因为是在下跌行情之中，许多波段投资者都会在向下缺口形成的过程中不断撤出，因此，很少有投资者会连续经历多类缺口，这与上升行情中的情况不同。

由此也可以看出，向下缺口在大部分时候传递出的都是消极看跌的信号，即便是最末尾的消耗性缺口，投资者在没有完全把握的情况下也不能轻易做多。

下面来看一只股票中存在的多个向下缺口。

实例分析

海天味业（603288）缺口理论中的向下缺口解析

图 3-19 为海天味业 2022 年 8 月至 12 月的 K 线图。

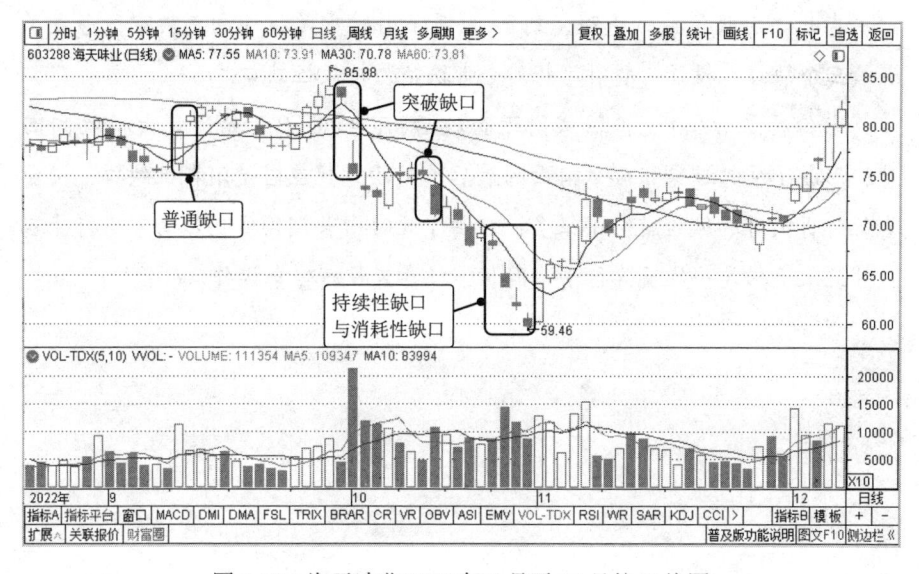

图 3-19　海天味业 2022 年 8 月至 12 月的 K 线图

图 3-19 中展示的是海天味业的一段下跌行情，其中的缺口大多集中在 9 月和 10 月。

首先在 9 月的横盘震荡期间，该股就形成过一次向上的普通缺口。不过股价也只是借此向上靠近了 60 日均线而已，并未成功突破，投资者就算买进也无法赚取满意的收益。

9月中旬之后，股价开始小幅收阴下跌，回补了前面普通缺口的空白，该缺口的意义也到此为止了，投资者应专注接下来的走势。

9月底，股价经过数日的快速拉升后来到了85.00元价位线附近，不过在突破的次日就收阴横盘了。再往后一个交易日K线更是大幅向下跳空，跌破了前期低点和整个均线组合，形成了一个较大的突破缺口。

如此大的突破缺口并不常见，一旦出现，形成的看跌信号就要强烈不少，再加上中长期均线已经扭转向下，后市的跌势几乎已成定局，投资者要注意及时止损卖出。

股价此次落到了75.00元价位线上，横盘震荡数日后再次收出两根阴线，向下跌破了横盘支撑线，形成又一个突破缺口，市场发出了再次警告信号。

在此之后股价持续下跌，到了10月下旬时更是接连向下跳空，形成了连续三个缺口，投资者暂时可将其全部认定为持续性缺口。

当价格在60.00元价位线附近企稳后，K线终于开始连续大幅收阳回升，形成了反转迹象，那么前面的最后一个缺口就应当是消耗性缺口，投资者此时再买进的风险就会小很多，但由于此时中长期均线仍然向下运行，不排除此次反转是一次反弹行情，因此，投资者最好轻仓操作。

第 4 章

波段操作中的仓位控制

仓位控制是波段操作中极为关键的一环，合理、科学的仓位管理，能够在很大程度上帮助波段投资者盈利，更重要的是，还能降低持股风险。本章就将针对建仓、止盈及止损三大关键操作步骤中的仓位管理进行解析（本章所有交易操作均忽略手续费问题）。

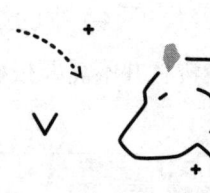

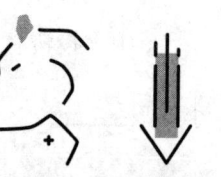

4.1 分批建仓控制风险

建仓是投资者介入一只股票的第一步，也是非常重要的一步。如何通过合理的建仓在降低持股成本的同时控制住风险，是投资者需要重点学习的内容。

分批建仓是最为常见的控仓方法之一，实战效果也比较好。股市中常见的有金字塔建仓法、倒金字塔建仓法、均分建仓法和等比建仓法，都不算复杂，投资者只要认真揣摩都能很快掌握。

4.1.1 金字塔建仓法

金字塔建仓法一般应用于上涨行情中，是许多波段投资者都喜欢采用的一种分批建仓法，对于控制成本和风险有很好的效果。

在正式建仓之前，投资者需要将准备投入的资金分为若干份，第一次买进时股价位置较低，就投入比较大份的资金；待到后续股价上涨到一定程度回调时，再投入份额较小的资金；往后股价越高，投入资金越少，直至将预算资金全部投入个股之中，完成建仓。

图 4-1 中展示的就是将资金分成五份后，分别投入一只股票中的过程。

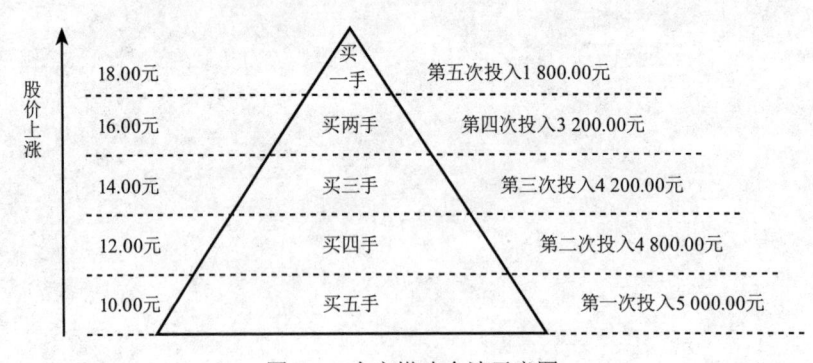

股价上涨	价位	买入	投入金额
	18.00元	买一手	第五次投入 1 800.00元
	16.00元	买两手	第四次投入 3 200.00元
	14.00元	买三手	第三次投入 4 200.00元
	12.00元	买四手	第二次投入 4 800.00元
	10.00元	买五手	第一次投入 5 000.00元

图 4-1　金字塔建仓法示意图

当然，图 4-1 中的数据是为了方便投资者计算而设置的，在实际操作中，投资者并不需要根据股价的涨幅比例来投入资金，只要位置合适就可以买进，并且注意每次投入资金的份额逐步缩小就可以。

虽然金字塔建仓法不会在相对低位一次性吸纳，持股成本相较于大批低吸的方式来说稍高，但它控制风险的能力很强，可以避免投资者判断失误高位大批建仓后资金全部被套的情况。

而且有规律、有计划的建仓步骤，能够帮助投资者稳步操作，理清思路，提升执行力，这些对于股市投资来说是很重要的。

下面就来通过案例进行实战解析。

实例分析

新莱应材（300260）金字塔建仓法实战

这里选取的是新莱应材的一段上涨行情，假设投资者预备投入建仓的资金为60 000.00元，初步预估买进10手筹码（可根据建仓过程中的价格变化来调整），持股周期为中长期，下面来看怎么操作。

图4-2为新莱应材2022年4月至12月的K线图。

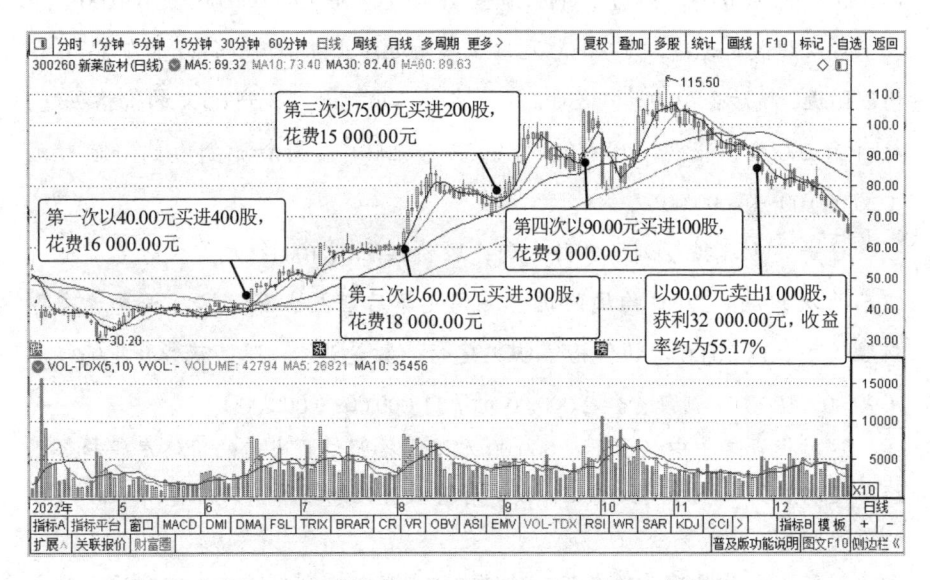

图4-2 新莱应材2022年4月至12月的K线图

首先，投资者需要确定趋势。在2022年4月，股价尚处于下跌之中，在此期间投资者不考虑建仓。

4月底，股价在30.00元价位线附近得到支撑后开始回升，不过在小幅上涨至40.00元价位线上就形成了长期的横盘整理。在此过程中，均线组合也是一直黏合在一起，中长期均线还未扭转向上，投资者可不着急买进。

6月中旬，K线突然收出了一根长实体阳线，直接突破到了整个均线组合之上，形成的是一个蛟龙出海形态，拉升信号明确。当日的分时走势从开盘以来就十分积极，操作得好的投资者完全有机会在早盘期间就跟进。

这里假设投资者以40.00元的价格第一次买进，买进数量为400股，共花费16 000.00元（40.00×400，暂不考虑手续费），剩余资金为44 000.00元（60 000.00−16 000.00）。

此后，股价持续上涨，在经历一系列震荡和整理后来到了60.00元价位线附近，在此形成了近一个月的横盘。一直到8月初，股价才再次快速收阳上涨，表明后市依旧看涨，于是投资者打算第二次建仓。

假设投资者以60.00元的价格第二次买进，买进数量为300股，花费18 000.00元（60.00×300），剩余资金26 000.00元（44 000.00−18 000.00）。

此次该股迅速冲到了90.00元价位线附近才止涨回调，低点落在了30日均线附近，随后企稳回升。这时，投资者第三次建仓，以75.00元的价格买进，数量为200股，花费15 000.00元（75.00×200），剩余资金为11 000.00元（26 000.00−15 000.00）。

这一波上涨持续到了9月上旬，股价接触到100.00元价位线后滞涨，随后再次回调到30日均线附近，得到支撑后继续上涨。这时投资者准备乘胜追击，以90.00元的价格第四次建仓，数量为100股，花费9 000.00元（90.00×100），剩余资金2 000.00元（11 000.00−9 000.00）。

这时投资者手中只剩下2 000.00元了，按照该股当前的价格发展趋势已经不足以购买一手筹码，因此，投资者可放弃继续投入，只持有58 000.00元的股票即可。

继续来看该股后续的走势。从图4-2中可以看到，股价在回升后没能立即彻底突破100.00元价位线，而是再度形成了回调，说明此处的压力还是比较重，市场中的助涨动能开始有些支撑不足了。

不过，该股在落到 60 日均线上经过整理后，再次发起了一波冲击，价格一路攀升至 115.00 元价位线以上才竭尽动力，开始转势下跌。

此时大多数投资者依旧认为该股是在进行回调，毕竟前期该股的走势都是这样的。但当 K 线跌破 30 日均线落到 60 日均线上横盘，并且后续还有跌破 60 日均线的趋势时，投资者就要注意行情反转的可能了，谨慎型的投资者最好及时出局。

那么这里假设投资者发现了危险，及时以 90.00 元的价格清仓卖出，到手 90 000.00 元（90.00×1000），相较于前期投入的 58 000.00 元，共赚取 32 000.00 元（90 000.00−58 000.00），收益率约为 55.17%（32 000.00÷58 000.00），已经非常不错了。

4.1.2 倒金字塔建仓法

倒金字塔建仓法一般应用于下跌行情的末期和深度回调的过程中，相较于金字塔建仓法来说更加激进和冒险，但如果分析准确，操作得当，是有机会帮助投资者直接抄底的。

投资者在建仓前，依旧需要将资金分为若干份，第一次买进时股价位置较高，投资者投入的资金就要偏小；待到后续股价下跌到一定程度时，再投入份额较大的资金；往后股价越低，投入资金越多，直至将预算资金全部投入个股之中，完成建仓，等待行情反转，图 4-3 就是一个示例。

股价下跌			
10.00元	买五手	第五次投入5 000.00元
12.00元	买四手	第四次投入4 800.00元
14.00元	买三手	第三次投入4 200.00元
16.00元	买两手	第二次投入3 200.00元
18.00元	买一手	第一次投入1 800.00元

图 4-3　倒金字塔建仓法示意图

倒金字塔建仓法的实施要点与金字塔建仓法类似，也是合适就买，不按照价格变动幅度比例进行，只注意逐步增大资金投入份额。

通过这样越跌越买的方式，投资者不仅能够提前入场抄底，还能将持股成本压得更低，但前提是下跌行情或深度回调确实已经见底。如果投资者判断失误，在半山腰处建仓了，那么面临的可能就是长期被套的结果，因此，风险是比较大的，谨慎型的投资者要慎重考虑。

下面来看一个案例。

实例分析

杉杉股份（600884）倒金字塔建仓法实战

不管怎么说，投资者在整体趋势向上的过程中建仓还是会更加安全，因此，本案例选择的是杉杉股份长期上升趋势中的深度回调阶段作为倒金字塔建仓法的实战对象。

这里假设投资者预备资金为18 000.00元，下面来看操作过程。

图4-4为杉杉股份2020年10月至2021年5月的K线图。

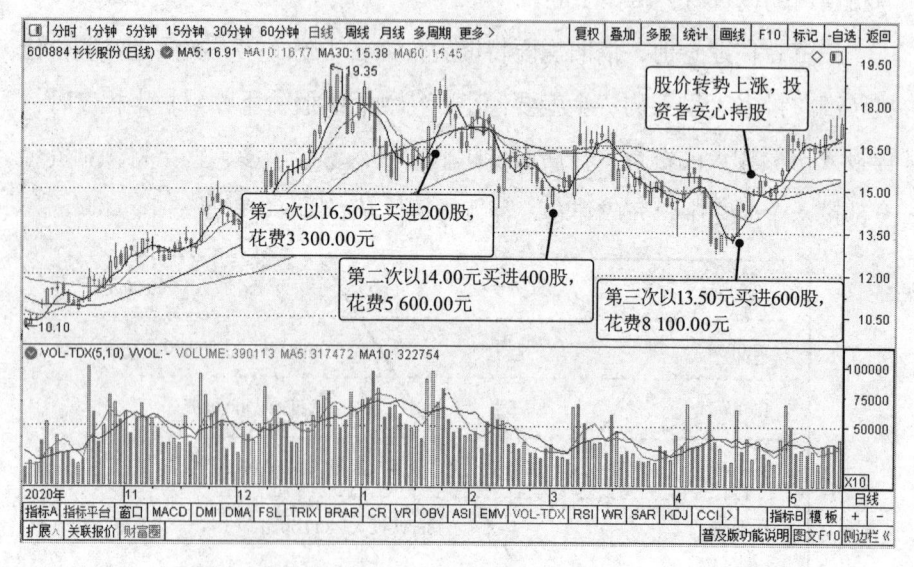

图4-4　杉杉股份2020年10月至2021年5月的K线图

在2020年10月到12月中旬，杉杉股份经历了一波比较稳定的上涨，最高已经达到了19.35元。不过在此之后，股价就形成了一段时间的回调，回落到16.00元价位线上后企稳盘整了一段时间，后续再次拉升向上。

这时，许多投资者可能会认为下一波上涨到来，进而迅速跟进。假设投资者以16.50元的价格买进了200股，花费3 300.00元（16.50×200），剩余资金14 700.00元（18 000.00-3 300.00）。

刚开始，投资者可能还抱着回调低位建仓、跟随做多的心态。但随着股价突破前期高点失败继续下跌的走势形成，投资者也不得不考虑深度回调及行情转势的可能了，许多谨慎型的投资者会立即撤离。这里假设投资者坚持持有，并打算进行倒金字塔建仓，于是一直留在场内观望。

该股于2021年2月初第一次跌到14.00元价位线附近，后续短暂回升后再度下行，来到了与前期低点相近的位置，说明这是一条比较关键的支撑线，投资者可以尝试第二次建仓。

于是，投资者以14.00元的价格买进400股，花费5 600.00元（14.00×400），剩余资金9 100.00元（14 700.00-5 600.00）。

后续股价依旧震荡下跌，最终还是跌破了14.00元价位线，来到13.50元价位线之下，再创新低。那么此时，投资者再次以13.50元的价格买进600股，花费8 100.00元（13.50×600），剩余资金1 000.00元（9 100.00-8 100.00）。

这剩余的资金显然无法再继续进行倒金字塔建仓了，因此，投资者可以停止投入，结束建仓，开始静观其变。

从后续的走势也可以看到，该股在第三次建仓后就开启了连续的上涨，K线很快便成功突破到了整个均线组合之上，并逐步带动扭转。这说明此次下跌可能确实是一次深度回调，并且股价即将回归上涨，建仓完毕的投资者可以安心持股了。

接下来观察杉杉股份未来的走势如何。

图4-5为杉杉股份2021年3月至8月的K线图。

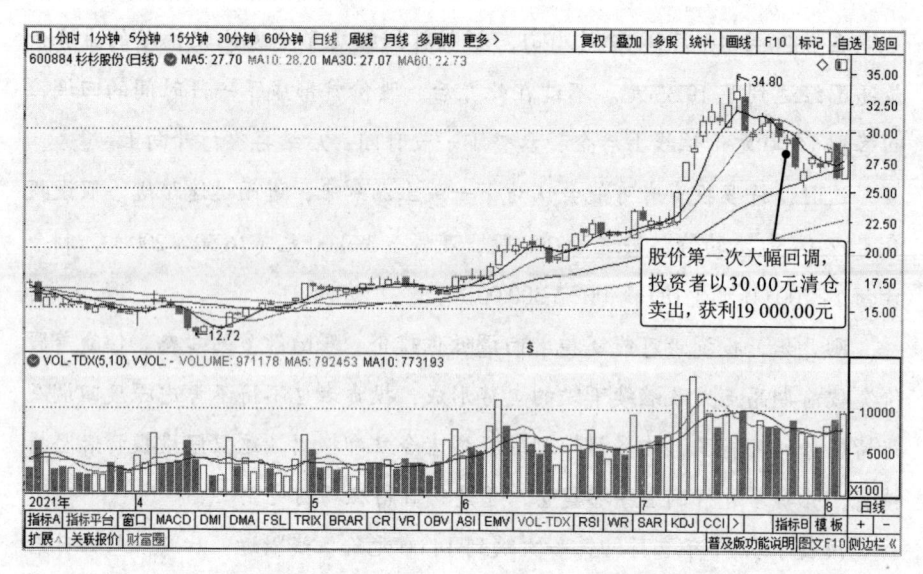

图 4-5　杉杉股份 2021 年 3 月至 8 月的 K 线图

从图 4-5 中可以看到，该股在回升到均线组合之上后横盘了一段时间，最终于 6 月初开启了强势的上涨，K 线大部分时间都在收阳，而且在进入 7 月后更是形成了向上的跳空缺口，积极信号明显。

一直到接近 35.00 元价位线的位置，股价涨势才有所减缓，并在后续形成了收阴下跌的趋势。当股价落到 30.00 元价位线上反复震荡都没能继续上涨时，投资者就可以看出回调即将到来了。

此时投资者以 30.00 元的价格清仓卖出，到手 36 000.00 元（30.00×1 200），获利为 19 000.00 元（36 000.00−17 000.00），收益率约为 111.76%（19 000.00÷17 000.00），可见倒金字塔建仓法的成本控制优势。

不过上述案例的获利是建立在股价未来继续上涨，并且涨幅明显高于前期下跌幅度的基础上。如果投资者已经完成了倒金字塔建仓，但股价却长期持续下跌，或者短暂上涨后一直横盘震荡，投资者不仅无法获利，甚至连成本都很难收回。

因此，这里再次提醒谨慎型投资者和风险承受能力较低的投资者，不要轻易在下跌走势中使用倒金字塔建仓法。

4.1.3 均分建仓法

均分建仓法应该是众多分批建仓法中最简单的一种，它与金字塔建仓法类似，都是在股价上涨的过程中利用回调低位分批买进，但均分建仓法只要投资者每次投入等量的资金即可，不需要逐级增加。

图 4-6 就是均分建仓法的一个示例。

50.00元	投入5 000.00元	买一手
25.00元	投入5 000.00元	买两手
16.66元	投入5 000.00元	买三手
12.50元	投入5 000.00元	买四手
10.00元	投入5 000.00元	买五手

图 4-6　均分建仓法示意图

注意，均分建仓法的关键在于资金均分，至于买进的筹码，每次都可能会不同。毕竟随着价格的不断上涨，投资者能够用等量资金买到的筹码会越来越少。

除此之外，均分建仓法还可以在下跌行情中使用，投资者只要跟随股价下跌的步伐分批买进，控制资金等量就可以了。

很显然，这是一种简便易理解，应用范围也更广的分批建仓法，就算它的成本和风险控制能力不如金字塔建仓法、倒金字塔建仓法，很多投资者也愿意使用，所以，这里也需要进行详细解析。

下面来看案例解析。

实例分析

雅克科技（002409）均分建仓法实战

在雅克科技的这段上涨走势中，假设投资者计划投入 75 000.00 元，分为三批，每批投入 25 000.00 元。

不过在正式操作之前，有一点需要投资者了解，在A股中，投资者买卖股票的最低数量为一手，也就是100股，增减也需要整数倍进行。因此，投资者在使用均分建仓法建仓时会发现，等量的资金在不同的价格处可能无法刚好买进100整数倍的筹码。

这时候，投资者就要根据情况适当增减资金投入了，但不能差距太多。比如上一次建仓花费了25 000.00元，下一次却花费了30 000.00元，显然大幅偏离了均分建仓的初衷。接下来就进入实战之中。

图4-7为雅克科技2021年4月至9月的K线图。

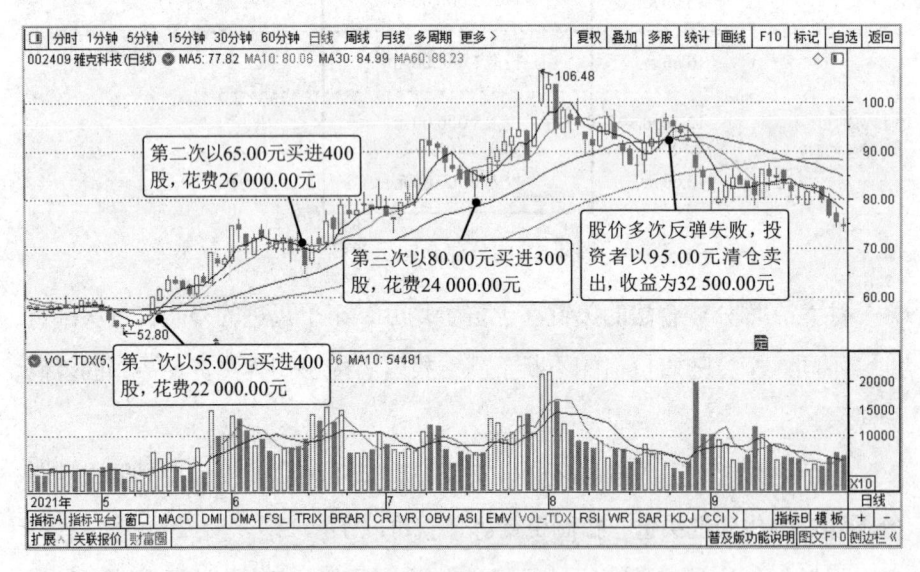

图4-7　雅克科技2021年4月至9月的K线图

从图4-7中可以看到，雅克科技的股价在2021年4月下旬还处于低位横盘之中，进入5月后还形成了加速的下跌。不过当股价创出52.80元的新低后，就开始了连续收阳上涨，成功突破到了均线组合之上，后续还有继续攀升的趋势。

这时投资者打算进行第一次建仓，以55.00元的价格买进，但计划投入的25 000.00元无法买到整数倍的筹码，因此只买进400股，花费22 000.00元（55.00×400），剩余资金53 000.00元（75 000.00−22 000.00）。

经历了一系列震荡回踩后，股价来到了75.00元价位线附近，不过短时间内没能突破成功，回调到了70.00元价位线附近。6月中旬，股价踩在30日均线上开始回升，于是投资者利用此次机会以65.00元的价格买进，计划投入的资金依旧无法整数倍购入，因此，依旧买进400股，但花费了26 000.00元（65.00×400），剩余资金27 000.00元（53 000.00-26 000.00）。

随着股价的上涨，投资者耐心等待第三次投资机会。7月初，该股小幅突破到了90.00元价位线以上，但很快就形成了回调，落到了80.00元价位线附近。这时，投资者迅速以80.00元的价格买进300股，花费24 000.00元（80.00×300），剩下的3 000.00元（27 000.00-24 000.00）则放弃投入，至此完成建仓。

后续股价继续上涨，成功突破到了100.00元价位线以上，但没能坚持太久就转势下跌了。第一次是落在了30日均线上，形成了一次小幅反弹，不过没能突破前期高点。第二次股价却跌破30日均线，落到了60日均线上方，形成的再次反弹与上一次相近。

经过两次反弹后，该股明显在95.00元价位线上受阻，并且后续还可能会彻底跌破两条中长期均线，形成深度回调或是下跌行情。

那么此时，投资者就可以借高卖出了，以95.00元的价格清仓撤离，到手104 500.00元（95.00×1 100），收益32 500.00元（104 500.00-72 000.00），收益率约为45.14%（32 500.00÷72 000.00），还是比较可观的。

4.1.4 等比建仓法

等比建仓法一般应用与下跌行情的末尾或深度回调中，相较于前面三种建仓法来说更加复杂，无论是对买进价格还是对分批买进的筹码量都有要求，并且都需要呈一定比例倍增。

首先是买进价格。投资者需要根据个股涨跌变化速度设定一个倍增比例，比如5%、10%等，每当股价相较于初始价格下跌5%或10%，就需要买进一批筹码。

其次是买进数量。每当股价下跌到指定位置，投资者就需要买进上一次建仓数量的整数倍筹码。比如第一次买进了100股，第二次就要买进200股（两倍）或300股（三倍），第三次则要买进400股或900股。

图4-8则是等比建仓法的一个示例。

50.00元	买一手	第一次投入5 000.00元
47.50元	买两手	下跌5%，第二次投入9 500.00元
45.00元	买四手	下跌10%，第三次投入18 000.00元
42.50元	买八手	下跌15%，第四次投入34 000.00元

图4-8 等比建仓法示意图

等比建仓法的原理与倒金字塔建仓法是一样的，都是越跌越买，但等比建仓法显然更加严谨复杂，对投资者执行力的要求也更高。一旦股价跌到指定位置，无论发生何种情况，投资者都需要按照原有计划操作，保证思维的清晰。

当然，在开始建仓之前，投资者需要经过慎重、仔细的分析，在对后市走向有一定把握后才能实施计划，否则只能白白浪费时间和资金。

至于买进的倍数关系和首次买进的筹码量，投资者可根据自身情况和股票价格进行设置，不必按照示例操作。

接下来进入实战解析。

实例分析
喜临门（603008）等比建仓法实战

因为等比建仓法的执行比较严格，而且投资者事先也不知道股价能下跌到何种程度，因此，准备的资金量需要充足一些，弹性也需要更大。

如果股价跌幅过大，需要的资金量超出了预期，投资者就要及时终止建仓计划，任由股价继续下跌，静观其变；而如果股价没有下跌到预期位置，投资者没能将预备资金全部投入，也要及时停手，提前结束建仓。至于剩余的资金，可以考虑在后续股价上涨的过程中追加进去，即加仓。

本案例就假设投资者预备投入35 000.00元，在喜临门的一次深度回调中使用等比建仓法进行建仓，下面来看具体操作。

图4-9为喜临门2021年3月至11月的K线图。

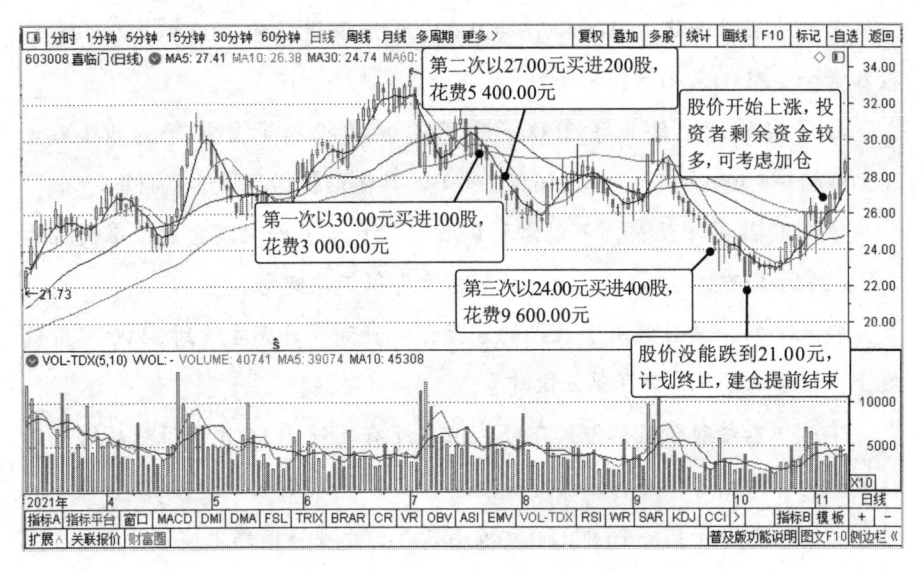

图4-9　喜临门2021年3月至11月的K线图

喜临门的股价在2021年3月到6月经历一番上涨后，已经基本确定了大趋势的向好，许多投资者已经在此期间建仓获利，但一些风险承受能力较强的激进型投资者还在等待深度回调的到来，打算在此期间进行等比建仓，降低持股成本。

从图4-9中可以看到，该股在34.00元价位线附近受阻后就形成了快速的下跌，跌破30日均线后落到了60日均线上，后续虽有回升迹象，但高点都没能突破32.00元价位线。

这就说明该股此次回调幅度较大，投资者一直等待的机会来临了。于是投资者以30.00元的价格第一次买进100股，花费3 000.00元（30.00×100），并将价格下跌比例设置为10%，买进筹码数量倍数设置为两倍。

根据计划，投资者应当买进的位置和数量如下所示。

第二次买进价格：30.00×90%=27.00（元）；买进数量：100×2=200（股）；投入资金：27.00×200=5 400.00（元）。

第三次买进价格：30.00×80%=24.00（元）；买进数量：200×2=400（股）；投入资金：24.00×400=9 600.00（元）。

第四次买进价格：30.00×70%=21.00（元）；买进数量：400×2=800（股）；投入资金：21.00×800=16 800.00（元）。

投资者的计划终止于21.00元，那么总的投入资金就有34 800.00元（3 000.00+5 400.00+9 600.00+16 800.00），具体则根据实际情况调整。

回到K线图中观察，可以看到该股在投资者第一次建仓后，很快就于7月底跌到了27.00元价位线上，投资者立即第二次建仓。

在此之后，该股经历了长期的震荡，一直到9月底才跌到24.00元价位线上，投资者借此实现了第三次建仓。

不过，后续股价虽然继续下跌，但在没有跌到21.00元价位线的情况下就开始转势向上了，并有连续突破两条中长期均线回归上涨的迹象。那么此时，即便投资者还剩余16 800.00元没有投入，也要提前结束建仓计划了。

目前投资者已经投入18 000.00元（3 000.00+5 400.00+9 600.00），剩余资金可以选择不投入，也可以选择在后续加仓。如果要加仓，投资者的速度一定要快，毕竟剩余的16 800.00元和投资者持有的股票价值相差不大，一旦买进价格稍高，就会大幅增加持股成本，影响后续收益率。

这里有两种假设，一是投资者不加仓，总的就只投入18 000.00元，共持有700股（100+200+400），等待股价上涨；二是投资者迅速在25.00元的位置买进700股（16 800.00元无法买进整数倍筹码），再投入17 500.00元，总投入35 500.00元（18 000.00+17 500.00），持有1400股（700+700），随后等待上涨。

下面就通过该股后续的走势来看这两种操作方式在清仓结算后，收益率的情况。

图4-10为喜临门2021年9月至2022年3月的K线图。

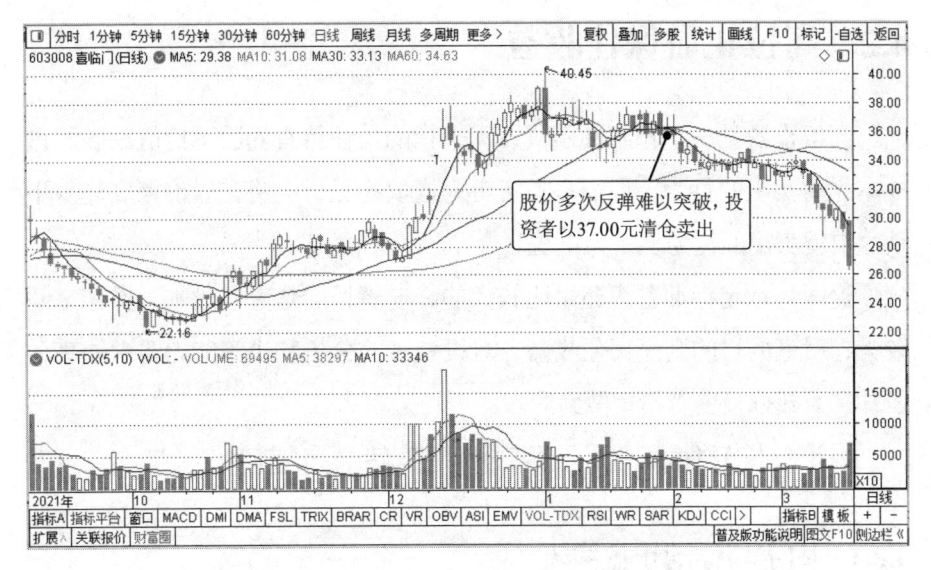

图4-10　喜临门2021年9月至2022年3月的K线图

从图4-10中可以看到，在回归上涨后，喜临门的股价很快便来到了30.00元价位线附近。这也是一条关键价位线，该股也在此受到了一定阻碍，不过后续还是成功将其突破了，股价一路攀升至40.00元价位线以上。

就在价格突破的当日，K线收出了一根冲高回落的阴线。而在后续的一个月时间内，股价反复上冲都没能突破，说明此次拉升可能已经到头，再加上股价涨幅已高，投资者可以卖出了。

于是，投资者在37.00元的位置清仓卖出。在没有加仓的情况下，投资者会到手25 900.00元（37.00×700），获利7 900.00元（25 900.00-18 000.00），收益率约为43.89%（7 900.00÷18 000.00）。

在加了仓的情况下，投资者会到手51 800.00元（37.00×1400），获利16 300.00元（51 800.00-35 500.00），收益率约为45.92%（16 300.00÷35 500.00）。

由此可见，是否加仓对于投资者的整体收益来说影响并不大，而且如果投资者反应速度再慢一些，加仓的位置再高一些，甚至还会降低原本能够得到的收益。当然，股价后续涨幅越大，是否加仓对收益带来的影响就会越大，投资者在实战中一定要注意这一点。

4.2 高位止盈保住收益

高位止盈是一种预防性手段，本来指的是在持有的股票价值跌破买进成本之前卖出的行为，但很多投资者为谨慎起见，会将在股价彻底转入下跌之前就卖出的行为认定为止盈。

这两种认定标准差距还是比较大的，前者目的是保住成本，操作空间较大；后者的目的则是保住收益，对投资者的分析和决策能力要求较高，但却是大部分投资者希望做到的。

因此，本节将重点介绍如何在股价彻底转入下跌前保住收益。

4.2.1 固定与浮动止盈线

固定止盈线与浮动止盈线的含义从其字面意思上就可以看出，固定止盈线是指投资者在买进之前就设置一条止盈线，具体要根据个股的涨势情况来确定，比如10%、20%等。待到股价上涨到指定位置，投资者就立即抛出，完成止盈操作。

很显然，固定止盈策略的设置和执行都很简单直接，也不需要投资者刻意关注。因为目前大部分的炒股软件都是支持系统自动盯盘的，投资者只需要设置一个指定价格或指定涨幅，等到股价接触到设置线后，炒股软件就会自动提醒，操作起来十分便捷。

但其缺点也很明显，那就是过于死板，不能很好地将后市可能的上涨潜力利用起来。同时风险也会增加，毕竟投资者也不能确定股价是否能够达到预期水平，一旦价格转入下跌，投资者又没有提前计划，或者没有及时关注到趋势的变化，就可能直接被套。

而浮动止盈策略就不一样了，它是一种根据股价涨势情况灵活调整的止盈策略，能够让投资者合理地分批次将筹码抛售，降低持股风险的同时，还能进一步抓住后续涨幅。

浮动止盈策略的具体操作方法稍显复杂，包含两个关键数据，即初始止盈线的位置，以及后续的上调比例。

初始止盈线的位置不难确定，投资者可根据股价涨势来设置，比如10%。上调比率则是指随着股价的继续上涨，投资者每次调整止盈关键点位的比例，一般都会低于初始止盈线，比如5%。

当股价到达初始止盈线位置时，记作A点，如果后市还有继续上涨的趋势，投资者就在A点卖出一部分筹码，可以是半仓，也可以是1/3仓或1/4仓等，主要根据股价涨势来判断。

随后，投资者通过事先设置的上调比率确定15%和20%的位置，分别记作B点和C点。若股价越过B点后还能上涨，就继续持有。当价格上涨至C点时，就可以将止盈线上调至B点，只要价格没有回调至B点，就可以持有。

直到股价上涨至又一阶段点位，即25%（记作D点），随后继续上涨并成功越过30%（记作E点）的位置时，就可以将止盈线上调至25%，以此类推，直到股价跌破目前有效的止盈线，就可以将剩余筹码全部抛售，具体如图4-11所示。

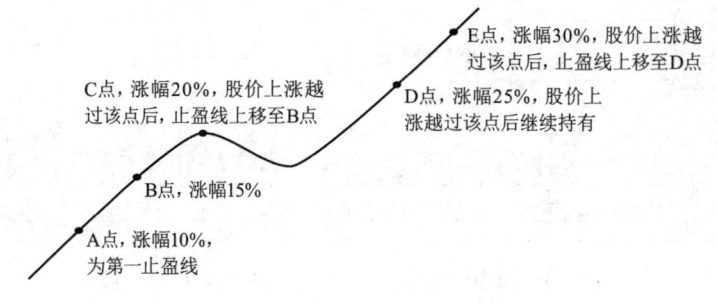

图4-11 浮动止盈策略示意图

简单总结，就是投资者事先确定好多个点位，在价格越过初始止盈线，卖出一部分筹码后，每当股价越过两个点位，就将止盈线上调一级，直至当前止盈线被跌破，投资者清仓卖出。

除此之外，浮动止盈线的上调比例是可以根据股价涨幅高低适当调整的。比如一只股票在前期涨速较慢，投资者会设置5%的上调比例，但随着上涨趋势的延续，股价涨幅越来越大，投资者就可以将上调比例设置为8%甚至10%，以适应当前趋势。

由此可见，浮动止盈策略能够帮助投资者合理地抓住后续涨幅，但十分耗费时间和精力，具体策略的选择还是要投资者自己来衡量。

固定止盈策略很简单，不需要过多介绍，下面就针对浮动止盈策略来进行实战解析。

实例分析
健民集团（600976）浮动止盈策略的设置与执行

图4-12为健民集团2022年12月至2023年4月的K线图。

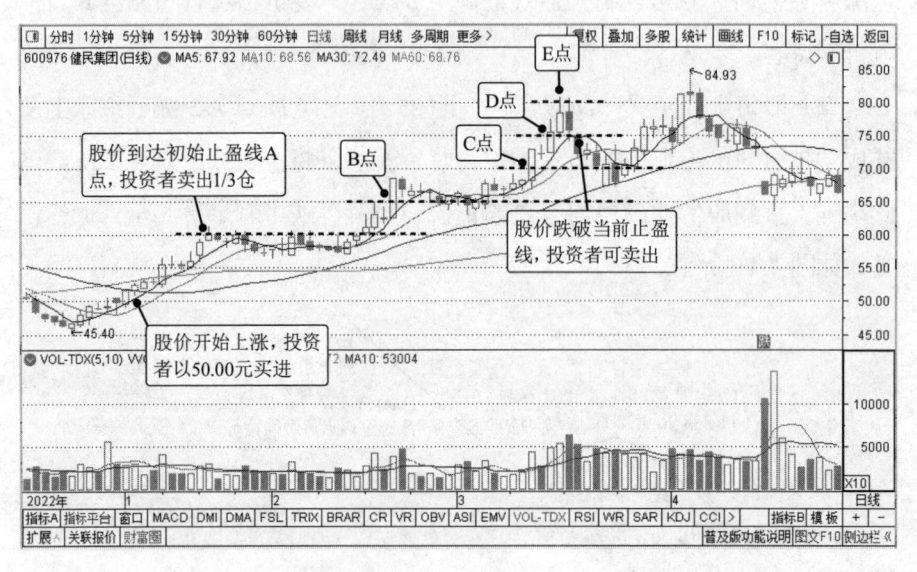

图4-12　健民集团2022年12月至2023年4月的K线图

在健民集团的这段上涨走势中，投资者可以利用浮动止盈策略来进行操作。2022年12月下旬，股价在45.00元价位线上方止跌企稳后开始回升，短时间内接连上涨，积极信号明显。

此时，假设投资者以50.00元的价格买进600股，随后将初始止盈线设置为20%，即60.00元（50.00×120%）价位线处，将浮动止盈上调比例设置为10%，每个点位依旧以字母表示。

那么B点就应当是股价上涨30%的位置，也就是65.00元（50.00×130%）价位线处；C点为70.00元（50.00×140%）；D点为75.00元（50.00×150%）；E点为80.00元（50.00×160%），以此类推。

回到K线图中观察，可以发现该股在2023年1月中旬就上涨接触到了60.00元价位线，也就是初始止盈线的位置。根据当前涨势来看，股价可能还有较大潜力，因此，投资者打算卖出1/3仓（即200股），剩下的则根据浮动止盈策略决策卖出位置。

在60.00元价位线处横盘震荡一段时间后，该股于2月中旬成功向上完成了突破，并很快来到了65.00元价位线上，也就是B点处。根据浮动止盈策略，股价若能继续上涨，投资者就可以继续持有。

后续股价确实在持续上扬，虽然形成过回调，但还没有跌破当前的止盈线（即初始止盈线），投资者不必急于卖出。

3月上旬，股价再次上行并接触到了70.00元价位线，也就是C点。此时，根据浮动止盈策略，投资者需要将止盈线上移至B点，也就是65.00元价位线处，随后持续观望。

随着股价涨速的加快，该股在短时间内突破了D点，并在次日就来到了E点之上，这时的止盈线已经上调至D点，也就是75.00元价位线处。

但在止盈线上调成功的次日，K线就收阴下跌，向下接触到了75.00元价位线，触发了浮动止盈策略的卖出条件。那么这时投资者就必须立即以75.00元的价格清仓卖出剩下的400股，完成此次操盘。

现在来清算收益。

成本：50.00×600=30 000.00（元）

第一次止盈：60.00×200=12 000.00（元）

第二次止盈：75.00×400=30 000.00（元）

收益率：（12 000.00+30 000.00−30 000.00）÷30 000.00×100%=40%

利用浮动止盈策略，投资者可以比较安全地获得 40% 的收益。如果投资者采用的是固定止盈策略，在初始止盈线的位置就全仓卖出，获得的收益为 20%，无疑是浪费了后市的涨幅。

4.2.2 利用预警信号止盈

预警信号从很多方面都能体现出来，比如本书第 1 章重点讲解过的 K 线顶底形态，就能提前向投资者传递出下跌信号，帮助止盈。但除此之外，一些十分常见的技术指标也能释放出预警信号，比如一直显示在 K 线图下方的成交量指标。

在前面的案例中已经提到过，当股价运行到高位时，如果成交量没能提供足够的支撑和动能，这一波上涨可能无法维持太久。至于"足够动能"的衡量标准，还是要与前期量能相比较，若股价再次冲高，量能却明显低于前期，就说明上涨动能有所不足了。

那么，有足够的执行力、希望及时止盈的投资者，就可以在发现异常后，寻找一个合适的时机清仓离场。当然，若投资者一时间无法确定下跌时机，也可以在存疑的位置适当减仓，等到下跌确定后再清仓也可以。

下面来看一个案例。

实例分析

江山欧派（603208）成交量预警止盈

图 4-13 为江山欧派 2022 年 10 月至 2023 年 5 月的 K 线图。

在江山欧派的这段上涨行情中投资者可以看到，2022 年 11 月上旬，股价的涨速是非常快的，这是因为下方成交量释放出了大量量能，形成了有力的支撑，将价格快速推涨向上。

虽然在此之后股价回调了数日，但很快就继续上涨了。不过，在此次上涨的过程中，量能跟随放大，但高度远低于前期，与 K 线之间形成的量缩价涨的背离，传递出了一种提前预警的信号。

此时的场内投资者可能才买进不久，在发现这种形态后也要引起警惕，准备随时清仓或减仓了。

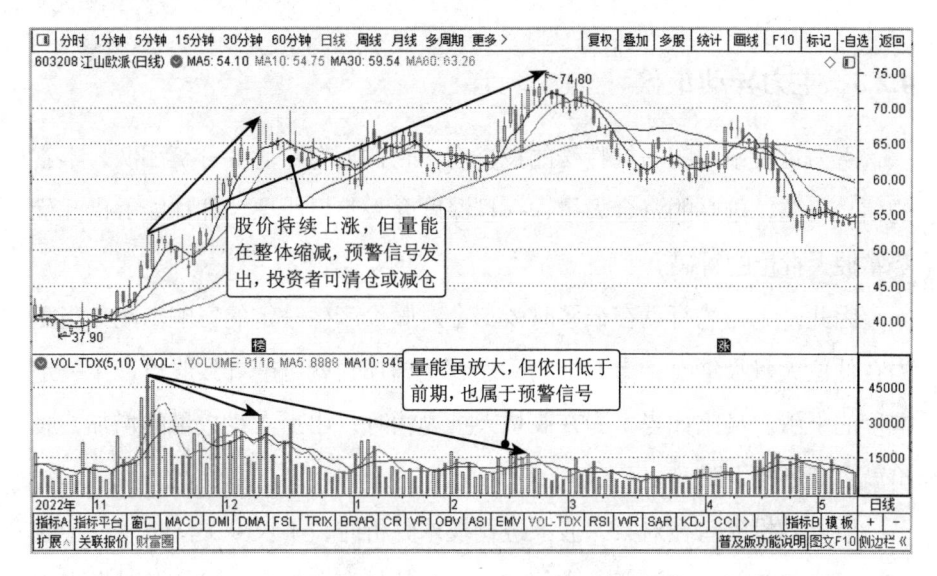

图4-13　江山欧派2022年10月至2023年5月的K线图

进入12月后不久，该股就明显受制于70.00元价位线，形成了短暂的横盘。结合前面成交量形成的预警信号来看，股价后续可能会形成回调，或是直接进入下跌，那么投资者就可以在此处全部抛售撤离，或者减仓一部分继续观望。

从后续的走势可以看到，江山欧派的股价在受阻横盘后很快就进入了回调下跌，一直落到30日均线上才止住，开始震荡运行。在较长一段时间内，该股都没能成功突破前期压力线。一直到2023年2月初，60日均线上行运行靠近了K线，这才使其不断收阳转向上涨，并于2月中旬成功突破压力线，来到了接近75.00元价位线的位置。

不过观察这段时间的成交量表现可以发现，虽然量能跟随放大，但相较于前期来说依旧是明显缩减的，甚至还不如2022年12月初，而此刻的股价却已经超越了2022年12月初的价格。

很显然，K线与成交量之间的背离依旧存在，而且还越发明显了。此时再结合K线反复上探75.00元价位线失败的状态,后市看跌的预警信号得到了进一步证实,投资者要注意清仓撤离了。

4.2.3 主力异动止盈

主力是股市中的一批特殊的投资者,它们拥有专业的分析团队,丰富的信息来源,雄厚的资金力量,一旦深度介入某只股票,往往能够借此优势掌握大批量的筹码。

因此,主力的行动在很多时候都会对股价产生一定的影响。比如当主力在低位大量吸纳时,市面上的买盘骤然增加,就可能导致股价产生一定幅度的上涨。又比如当主力在高位大批抛售时,由于卖盘数量的增加,股价就可能形成下跌。

所以,投资者在对某只股票进行技术分析时,不仅要关注技术面上股价的运行趋势,还要注意主力的动向。尤其是在高位止盈时,及时发现主力的异动是非常关键的。

那么,要从哪些方面观察到主力的动向呢?下面有几种比较简单的方法可供投资者参考。

①观察成交量异动。这里的成交量异动不仅指K线与量能之间的背离或配合关系,也指某日或某几日突然出现的巨量(量能明显远超前一日)或地量(量能明显远低于前一日)。这种非常规的量能形态有很大概率是主力造成的,投资者要特别关注。

②观察股价涨跌情况。在只有散户参与买卖的情况下,股价很少会出现短期暴涨或暴跌的情况,尤其是分时图中的一些突兀拉升涨停和跳水跌停的形态,基本都是主力介入的表现。

③观察分笔交易数据。分笔交易数据需要在分时图中查看,投资者需要特别关注的就是其中被标注为紫色的大单(单笔成交数量大于500手),尤其是数量远超500手,还连续出现的大单。因为500手的交易单,一次

成交的就是 50 000 股，如果股票价格还比较高，那么这大概率就是主力在交易了。

除此之外，还有很多方法来判断主力是否在行动，比如大宗交易披露信息、大股东增减持情况披露、主力持仓数据信息、筹码转移信息等，渠道非常多，感兴趣的投资者可以尝试深入研究，这里不再赘述。

下面就直接进入案例中来看一下投资者如何利用主力异动止盈。

实例分析

西安饮食（000721）主力异动止盈

在一只股票，尤其是牛股运行的过程中，主力介入的痕迹往往十分明显，有很多表现都足以让投资者止盈出局。但为了更仔细地分析主力的操作，本案例只选取了西安饮食牛市高点的一处异动位置，向投资者展示如何分析出主力的意图。

图 4-14 为西安饮食 2022 年 10 月至 2023 年 2 月的 K 线图。

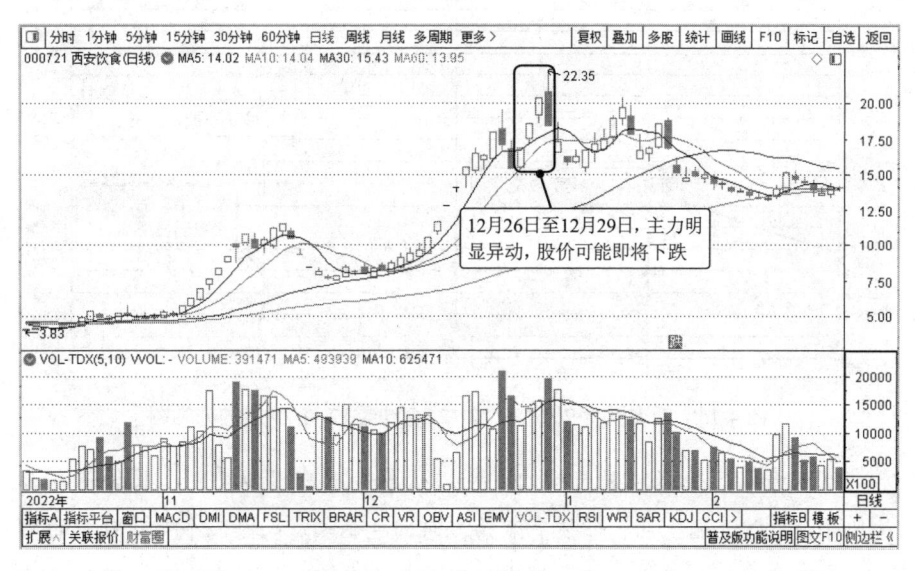

图 4-14　西安饮食 2022 年 10 月至 2023 年 2 月的 K 线图

从图 4-14 中可以看到，西安饮食自从 2022 年 10 月中旬转入上涨后，涨速是越来越快，进入 11 月后更是形成了连续的涨停。这种情况几乎可以确定为主力在操作，不过既然股价在持续上涨，投资者就可以跟随入场做多。

该股在 10.00 元价位线上方受阻后形成了回调下跌，下跌过程中形成了连续的跌停，明显也是主力造成的，这就是一种止盈信号。

不过该股在落到 30 日均线上就重拾上涨了，一直到 12 月底，股价已经冲到了接近 20.00 元价位线附近，在短暂的收阴调整后，连续三日涨停，使股价冲上了 20.00 元价位线。

而在次日，股价却出现了冲高回落，最终以跌停收盘的情况。涨停后立即接跌停的异常情况，说明主力介入的可能性非常大，下面来看这四个交易日的分时走势，观察具体情况。

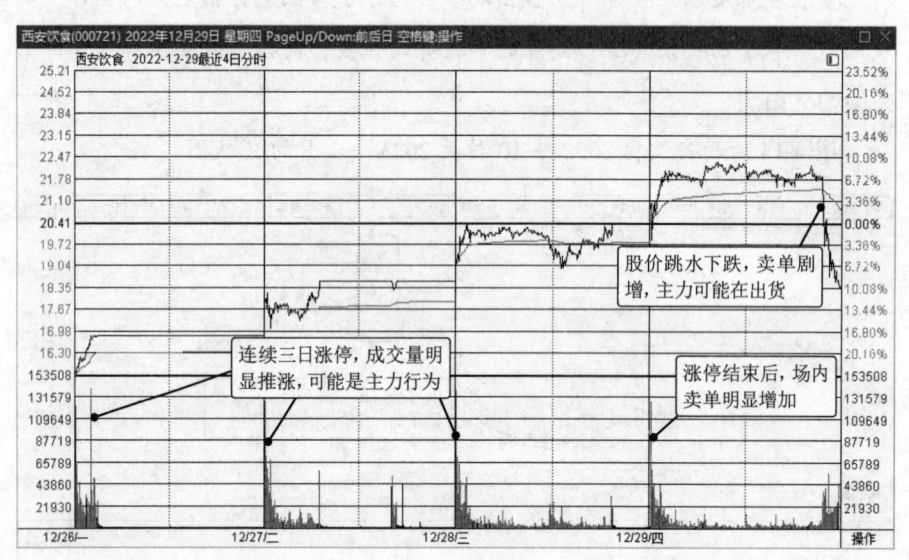

图 4-15 为西安饮食 2022 年 12 月 26 日至 12 月 29 日的分时图。

图 4-15　西安饮食 2022 年 12 月 26 日至 12 月 29 日的分时图

先来看前三个涨停交易日的走势，从图 4-15 中可以看到，股价基本都是从开盘后就开始上涨，即便有震荡，时间也不长。而且三个交易日中的第一分钟都存在巨量成交量柱，其中的买单极多，对价格的上涨起到了关键推动作用。

在后续股价涨停的时刻，成交量也都形成了单根或多根大量柱，说明股价的涨停基本是靠着短时间内的大资金注入给顶上去的。显而易见，除了散户积极追涨提供的资金以外，主力的大量注资也是必不可少的。

然而在 K 线图中，股价已经上涨到了相当高的位置，20.00 元相较于 2022 年 10 月中旬拉升开始的 4.00 元，已经实现了连续的翻倍。在如此高位主力还在积极推涨，可能意图就不是继续拉升了，而是在短时间内将股价推高，吸引大量散户追进，自己再分批散出筹码，达到高位出货的目的。

这样的推断在最后一个交易日，也就是股价突然跌停的交易日得到了证实。从其分时走势就可以看到，该股当日前期虽然也是积极上涨后高位震荡，但其中的卖单却增加了不少。

而进入尾盘后，股价更是突兀地直线下跌，数十分钟后就落到了跌停板上，成交量也是大幅上升，走势极为异常。这时投资者观察当日关键时间点的分笔交易数据，就能很明显地看出主力意图。

图 4-16 为西安饮食 2022 年 12 月 29 日的部分分笔交易数据。

09:30	20.94	10948	B1110	09:31	20.90	3168	S 497	14:43	19.43	694	S 189
09:30	20.90	26953	S4301	09:31	20.86	6633	S1007	14:43	19.37	1054	S 206
09:30	20.88	4857	S 857	09:31	20.83	3318	S 337	14:44	19.24	620	S 147
09:30	20.94	4336	B 674	09:31	20.84	4365	464	14:44	19.16	819	S 127
09:30	20.94	2540	S 505	09:31	20.81	7831	S1142	14:44	19.02	1844	S 259
09:30	20.98	2830	B 336	09:31	20.80	2053	B 353	14:44	19.04	1217	S 234
09:30	20.95	2903	S 525	09:31	20.55	3135	S 470	14:44	19.00	2735	S 382
09:30	21.03	3226	B 565	09:31	20.51	3306	S 406	14:44	19.00	3621	S 429
09:30	20.95	2128	S 430	09:31	20.50	2542	S 393	14:44	18.93	1791	S 311
09:30	21.00	4850	B 440	09:31	20.45	6086	S 989	14:44	18.79	1429	S 235
09:30	21.03	2857	B 403	09:31	20.42	3874	S 778	14:44	18.60	2716	S 341
09:30	21.03	2197	S 322	09:31	20.40	4177	S 726	14:44	18.75	1613	B 272
09:30	21.03	6250	S 858	09:31	20.36	3767	S 666	14:44	18.60	1874	S 251
09:30	21.05	4488	B 638	09:31	20.19	2757	S 417	14:44	18.51	4516	S 531
09:30	21.04	5964	S 757	09:31	20.16	3298	S 514	14:44	18.51	3446	S 616
09:30	21.06	1679	B 323	09:31	20.00	1951	S 311	14:44	18.45	3883	S 638
09:30	21.04	3428	S 502	09:31	19.88	2532	S 504	14:44	18.44	3455	S 622

图 4-16　西安饮食 2022 年 12 月 29 日的部分分笔交易数据

第一张图展示的是西安饮食跌停交易日中，开盘后第一分钟的分笔交易数据。从分笔交易数据可以看到，第一分钟内的买卖单都很多，并且全部是超过了 1 000 手的大单，最多的甚至达到了 26 953 手。

这笔大单是以 20.90 元的价格成交的，那么单笔交易金额就达到了惊人的 56 331 770.00 元（26 953×100×20.90）。5 000 万级别的交易单，基本上可以认定为主力单了，更何况后续还有数十笔大单，总和起来并不少于这一单。

从第二分钟开始，也就是第二张图，场内的卖单明显增加，虽然单笔数量不再上万，但加总起来也是一笔惊人的数额。这就说明主力已经开始明显地逐次、分笔散出筹码了，出货意图明显。

再来看第三张图，是股价突兀直线下跌的一分钟内场内的成交数据。从成交数据中可以看到，此时市场上依旧充斥着大量卖单，不过数量相较于前期已经有所下降，主力出货的脚步开始放缓。

这样的状态可能意味着主力这一批的筹码散出得差不多了，于是暂缓卖出，但也可能是为了防止市场过度下跌，导致追涨单减少，后续出货困难。

不过无论是出于何种原因，主力出货已经开始，后续股价就有大概率会转入下跌。虽然投资者暂时无法判断出具体的转势时间，但谨慎起见，还是应以及时在高位止盈出局为佳，那么这时就可以跟随主力的部分减仓或清仓卖出。

4.3 下跌后止损及时撤离

止损一般指的是在股价跌破买进成本价一定程度后卖出，停止继续损失的行为，但很多投资者会将在股价下跌之后不久及时撤离的行为也视作止损，即便这时的股价还没跌破成本价。

一般来说，投资者希望做到的都是第二种止损，毕竟当真正的损失产生后再离场，是投资者不想看到的结果。不过要在股价跌破成本价之前卖出，也是比较考验技巧的，除了提前设置止损线之外，投资者还需要依靠各种分析技术来止损。

4.3.1 利用技术指标止损

技术指标是投资者应当重点关注的止损分析目标，比如第 2 章中介绍过的均线、趋势线和布林线，其中的很多形态都能够帮助投资者止损。那么本节就介绍一种十分有效的均线止损形态，即加速下跌形态。

均线的加速下跌属于下跌走势的延续形态，它不同于前面介绍过的断头铡刀或是九阴白骨爪那样是从横盘阶段转为下跌阶段，在加速下跌出现之前，股价已经处于向下运行的状态中了，如图4-17所示。

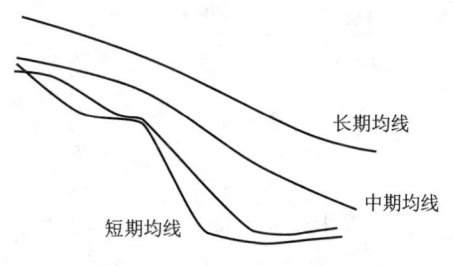

图4-17 均线加速下跌示意图

加速下跌形态最鲜明的体现就是短期均线的下行角度，从其示意图中也可以看出，在价格明显加快下滑时，短期均线的反应速度会比中长期均线快许多，但中长期均线也会稍微向下弯折一些，表现出下行角度。

由此可见，在下跌走势中，加速下跌的形态出现的频率会更高，并且短时间内的杀伤力也更强。但正是由于其加速后过于迅猛的跌势，加速下跌的形态一般不会持续太久，并且在下跌结束后，个股可能会触底回升，形成一波反弹。

但即便有反弹机会，投资者在遇到了这种形态时，还是要及时出局止损。如果是前期被套的投资者，还可以尝试着在反弹位置买进，这样就有机会通过反弹收益抵消一部分损失。

下面来看一个具体的案例。

实例分析
宁波东力（002164）均线加速下跌形态止损

为了让投资者更清晰地看到不同操作方式对撤离后留存的收益带来的影响，本案例截取了宁波东力其中的一段走势，采用三种不同的策略，看一下及时全部止损、半仓止损与不愿止损三种情况下,最终的结果有何不同,以及哪种方式更具有优势。

图4-18为宁波东力2021年1月至10月的K线图。

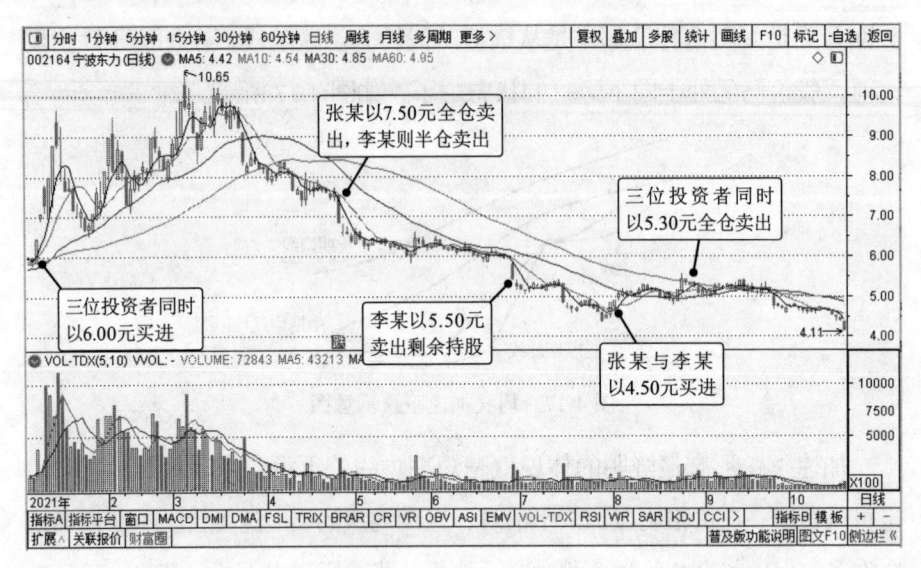

图4-18 宁波东力2021年1月至10月的K线图

首先来看前期的走势,从2021年1月开始,股价就在不断上涨。此时,场外的张某、李某和周某三位投资者想要追涨,于是以6.00元的价格建仓买进,数量都为200股。

该股在经历了一段时间的震荡和上升后,很快来到了10.00元价位线以上,但该价位线压制力较强,股价滞涨一段时间后拐头下跌。与此同时,均线组合由短到长依次被扭转向下,覆盖在K线上方。

此时,三位投资者还没有意识到问题的严重性,都认为股价可能在回调,于是持股不动。直到4月底,股价突然在原有基础上加速收阴下跌,带动短期均线形成了明显的角度变化。

此时,张某看出了加速下跌的形态,同时判断后市走向不容乐观,于是以7.50元的价格全仓卖出止损,彻底退到场外。李某也发现情况不妙,但他仍抱有希望,最终也以7.50元的价格清掉了半个仓位,也就是只卖掉了100股,随后持股观望。周某不愿意就此止损，于是坚定持有，希望某日股价能回升。

继续来看股价的变化，4月底，该股跌至6.00元价位线上方后跌势减缓，开始缓慢下滑。到了6月底，K线再度连续收阴，加快下跌进程，均线与K线又一次形成了加速下跌形态，此时再来看看三位投资者的表现。

张某认为跌势持续，不适合入场，坚定在场外观望；李某手持剩余的100股，犹豫再三后认为上涨希望迷茫，于是以5.50元的价格将剩余的100股也卖掉了；周某看到跌幅如此大，更不愿意就此止损了，干脆一直持有，等待上涨。

在后续的走势中，该股一直跌到了4.33元的位置才止跌企稳，随后形成明显的反弹迹象。此时，张某和李某都觉得有抢反弹的机会，于是纷纷以4.50元的价格买进100股，周某则按兵不动。

到了8月底，该股上涨至5.50元价位线附近，但随后形成的滞涨横盘告诉投资者，此轮反弹可能见顶，该出局的要出局了。于是，张某和李某都以5.30元的价格全仓卖出，将收益结算，彻底退出该股。而周某在经历了如此长时间的持股后耐心逐渐耗尽，见到该股反弹高度不尽人意，认为后市可能上涨希望迷茫，干脆也以5.30元的价格全仓卖出止损，也退出了该股。

下面来结算一下三位投资者各自还留存的收益，并将其进行对比。

①计算张某的收益。

张某以6.00元的价格买进200股，第一个加速下跌出现后以7.50元的价格全仓卖出，第一阶段的收益：（7.50-6.00）×200=300.00（元）。

股价反弹后张某以4.50元的价格买进100股，以5.30元的价格全仓卖出，第二阶段的收益：（5.30-4.50）×100=80.00（元）。

综合来看，张某的收益为380.00元。

②计算李某的收益。

李某以6.00元的价格买进200股，第一个加速下跌出现后以7.50元的价格半仓卖出，第一阶段的收益：（7.50-6.00）×100=150.00（元）。

股价再次形成加速下跌后，李某以 5.50 元的价格将剩下的 100 股也卖掉了，第二阶段的损失：（6.00-5.50）×100=50.00（元）。

股价反弹后李某以 4.50 元的价格买进 100 股，以 5.30 元的价格全仓卖出，第三阶段的收益：（5.30-4.50）×100=80.00（元）。

综合来看，李某的收益为 180.00 元。

③计算周某的收益。

周某以 6.00 元的价格买进 200 股后，无论该股如何变动都没有增减仓，最终以 5.30 元的价格全仓卖出，整体损失：（6.00-5.30）×200=140.00（元）。

综合来看，周某的损失为 140.00 元。

由此可见，遇到加速下跌后果断出局止损的张某，留下了最多的收益。犹豫后半仓卖出的李某则稍次之，但依旧得到了正收益。唯有不愿意接受止损出局的周某，就算在股价反弹后以同样的价格卖出，收益依旧是负的，并且滞留场内的时间也是最长的。

这种长期持股并且长期负盈利的情况，给人带来的压力实在不小。因此，投资者与其被动地等待上涨，还不如及时出局止损，然后另寻优质个股盈利，同样能够平衡收益。

4.3.2 破位关键价格线止损

对关键价格线的破位，是投资者判断是否应当撤离的依据之一。而这里的关键价格线，一般在前期股价上涨的过程中就已经有所体现了。

比如某两条价位线在股价上涨过程中分别对其形成过支撑和阻碍，导致股价在该价格区间内震荡，那么当行情转势下跌后，也很有可能再次在这一价格区间内横盘整理。所以，当股价接连跌破这两条价位线变盘下行时，投资者就要注意及时止损撤离了。

除此之外，股价在高位横盘期间的支撑线也很关键，当其被破位时，市场释放出的就是一个初步的止损信号，投资者在此处卖出能够保留的收益是比较多的。

下面进入案例中进行解析。

实例分析

朗博科技（603655）破位价格线止损

图 4-19 为朗博科技 2022 年 12 月至 2023 年 8 月的 K 线图。

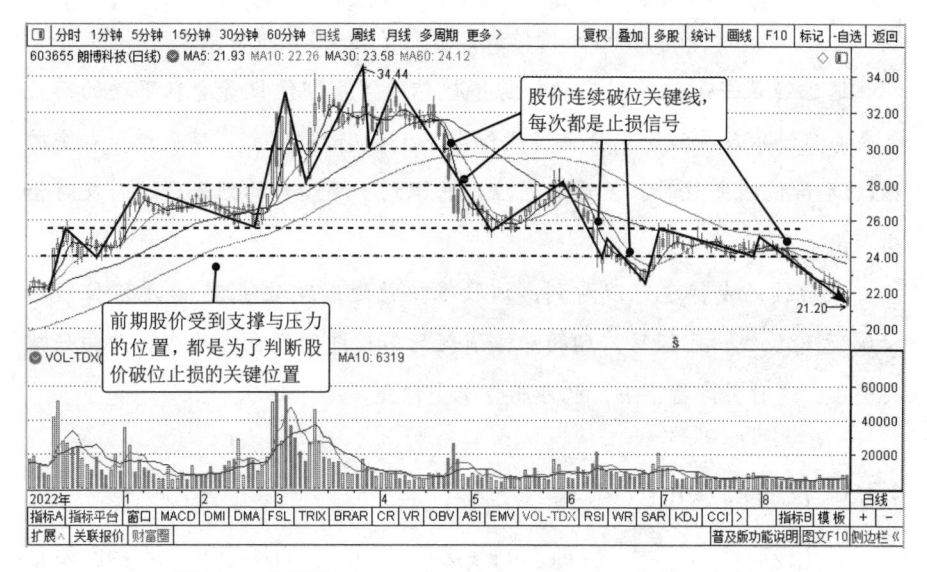

图 4-19　朗博科技 2022 年 12 月至 2023 年 8 月的 K 线图

先来看朗博科技的上涨趋势，从 2022 年 12 月，该股形成了急速的上涨走势，不过在 26.00 元价位线附近受阻后形成了小幅的回调，回调低点落在 24.00 元价位线上。

后续股价继续上涨，下一条压力线位于 28.00 元价位线上，该股在此受阻后回调下跌，落到了上一条压力线，也就是 26.00 元价位线附近后，才得到支撑回归上涨。这一次，股价一路飙升至 32.00 元价位线上才回调整理，低点落到了 28.00 元价位线上。

这时，投资者已经发现了三条关键价格线，即 24.00 元价位线、26.00 元价位线及 28.00 元价位线。它们之间都有一定的比例关系，说明该股的涨跌走势还是比较规律的，那么再往上的 30.00 元价位线、32.00 元价位线和 34.00 元价位线，大概率也会对股价形成一定的支撑和压制。

事实也确实如此，股价在上涨到 34.00 元价位线上时受阻回落，先是落到了 32.00 元价位线上，待到横盘整理再次冲击压力线失败后，股价才向下跌到 30.00 元价位线上。

后续股价也进行了几次上冲，但都没能突破 34.00 元价位线的压制。在 2023 年 4 月下旬，K 线甚至还连续收阴下跌，数日内连续跌破 32.00 元价位线、30.00 元价位线和 28.00 元价位线，落到了 26.00 元价位线上。

这已经是一个非常明确的转势下跌信号了，即便投资者在下跌的前几个交易日没有反应过来，那么当股价在 26.00 元价位线上震荡反弹，却突破 28.00 元价位线失败时，投资者也应当意识到下跌趋势的到来，进而及时借高卖出止损。

从后续的走势也可以看到，该股很快就连续跌破了 26.00 元价位线和 24.00 元价位线，已经将前期的涨幅消耗殆尽。即便投资者是在拉升初始就买进了，这时再停留下去，也可能会遭受损失。

4.3.3　反弹高点止损

利用反弹高点止损，在前面的众多案例中已经有所提及。不过，不是每一个反弹都值得利用，也不是离高点越近的反弹越能有效止损。有些时候，一个时间间隔稍长，但上涨幅度更大的反弹，反而能够让投资者保住更多的收益。但要提前预判到强势反弹的到来是很不容易的，大部分投资者都很难做到这一点。

因此，这里建议的操作策略还是先行利用距顶部最近的反弹清仓止损出局（半仓或大半仓也可以），然后场外观望。一旦个股有形成强势反弹的趋势，就再次介入（或继续观望），等到反弹见顶后再卖出，就能实现解套，保住更多的收益。

下面来看一个具体的案例。

实例分析
斯莱克（300382）反弹高点止损

图 4-20 为斯莱克 2022 年 7 月至 12 月的 K 线图。

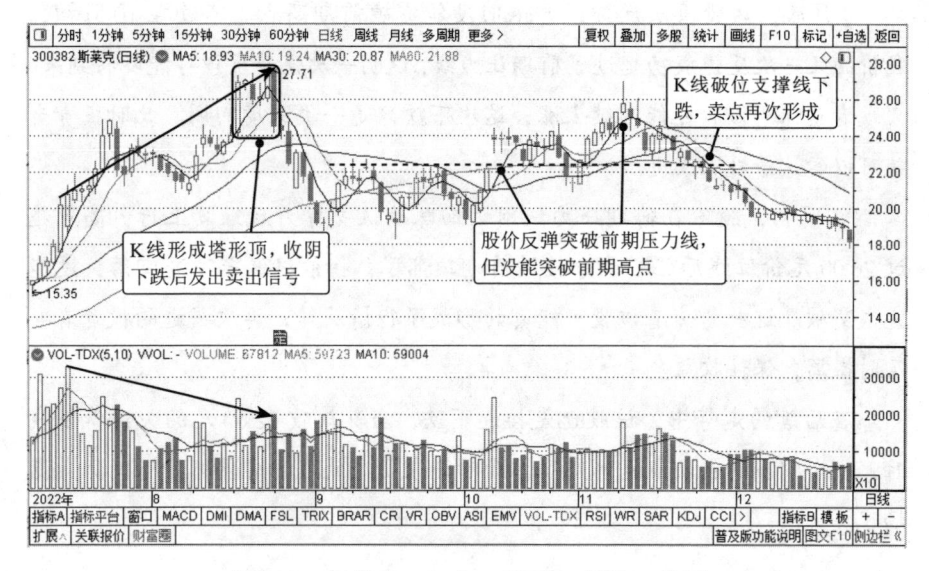

图 4-20　斯莱克 2022 年 7 月至 12 月的 K 线图

从图 4-20 中可以看到，斯莱克的股价在 2022 年 7 月正处于积极上涨的阶段中，K 线几乎连续收阳上升了半个多月，才终于在 24.00 元价位线上方受阻回调。

8 月初，股价落到 30 日均线上方就止跌企稳了，后续形成了再次的上冲，并以一根长实体阳线成功突破前期高点，然后在 26.00 元价位线上方受阻横盘震荡，K 线实体压缩得比较小。

此时观察成交量可以发现，当 K 线高点上移时，量能高点却出现了明显降低，二者的高位量缩价涨背离，已经提前传递出了上涨动能不足的信号，说明该股可能在后续形成反转或深度回调。

而在股价高位震荡的后期，K 线收出一根长实体阴线，与前期的长实体阳线和众多小实体 K 线结合，形成了塔形顶的形态。结合量价发出的预警信号来看，该股反转的可能性较大，此时谨慎型的投资者已经可以止盈出局了。

继续来看后面的走势。该股在跌至18.00元价位线上方后企稳，形成了第一个明显的反弹，高点在22.00元价位线附近停滞。这一次反弹不仅确认了下跌的到来，也在催促着投资者止损出局。

9月底，该股再次反弹，却依旧没能突破前期高点。不过在10月初，股价的又一次反弹成功越过了前期压力线，说明一次强势反弹可能即将到来，又或者意味着该股还能继续上涨，这次下跌只是一次深度回调。此时投资者就可以尝试着再次买进。

11月初，股价在前期压力线附近回踩确认支撑力后继续上行，高点越过26.00元价位线后已经十分接近前期顶部了，但最终还是冲高回落，没能完成突破。这就意味着该股可能真的形成了行情反转，再次买进的投资者要及时撤离，保住收益。

在后续的走势中，该股也是接连下跌，当其跌破22.00元的关键价位线时，一个明确的止损点也形成了，此时还未出局的投资者要抓紧时间抛售离场了。

第 5 章

波段高抛低吸操作实战

在学习了这么多波段操作的理论知识后,投资者还需要经过实战来检验成功,毕竟能够在实战中将技术分析技巧融会贯通,才能够尽可能保证操作的成功率。本章就选取两只不同走势的股票,进行模拟实战解析。

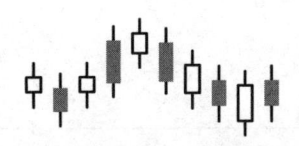

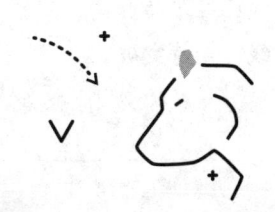

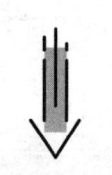

5.1 牛市行情中的高抛低吸：汇川技术（300124）

牛市即强势上涨行情，在其中高抛低吸，获利的机会自然会大很多，因此，牛股也是大部分投资者都愿意追逐的。不过，即便是在稳定、迅猛的上涨行情中，也存在许多风险，而且采用的投资策略不同，获得的收益也可能相差甚远。

本节就将选取汇川技术的一段牛市行情，根据多种技术指标、K线走势等方面进行分析和决策，采用金字塔建仓法分批买进，最后在合适的位置高抛出局，结算收益。

下面来看具体过程。

5.1.1 第一次使用金字塔建仓法买进

在金字塔建仓法中，第一次建仓的位置还是比较关键的，它决定了投资者初步的建仓成本，以及未来分批买进的数量。这里假设投资者准备了15 000.00元的资金，分三次投入汇川技术之中，然后中长期持股，直至行情转势。

下面就利用前面几章介绍过的各种波段买进技巧，分析合适的买点，完成第一次建仓。

实例分析

在上涨初期第一次低吸建仓

图5-1为汇川技术2020年2月至5月的K线图。

从图5-1中可以看到，汇川技术在2020年3月正处于快速的下跌之中，均线组合对其形成了强力压制，在此期间，投资者不可轻举妄动。

一直到创出14.42元的阶段新低后，该股才开始逐步收阳上升，数日之后就回升到了17.00元价位线附近，短期涨势还是比较快的。这时两条短期均线已经跟随转向，观察布林指标也可以发现，K线已经向上靠近了布林中轨线，等待突破。

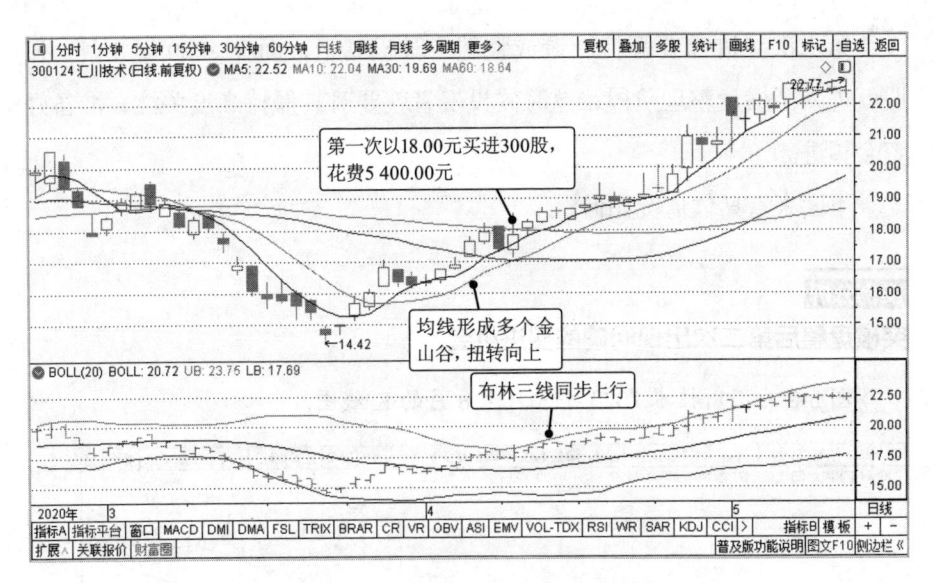

图 5-1　汇川技术 2020 年 2 月至 5 月的 K 线图

继续来看后面的走势。3月底,股价短暂收阴整理两日后,K线继续连续收阳上涨,不仅成功突破到了30日均线和布林中轨线之上,还使得5日均线上穿了30日均线,初步发出了看涨信号。

该股在接触到60日均线再次短暂整理后,很快收阳将其突破。而此时布林指标的三条指标线也完成了向上的转向,形成三线同步上行的走势。再看均线指标,可以发现10日均线成功突破60日均线,一个金山谷已经形成了,两条中长期均线也在逐步走平,并蓄势转折向上。

多指标和K线走势释放出了几乎同步的买进信号,催促着投资者加快建仓步伐。于是,投资者在股价突破60日均线的位置,以18.00元的价格买进300股,花费 5 400.00元(18.00×300),剩余资金9 600.00元(15 000.00-5 400.00),随后持股待涨。

5.1.2　第二次建仓机会来临

第一次建仓结束后,汇川技术的股价出现了稳定的拉升走势,进一步证实了投资者决策的正确性,所以,投资者要开始准备第二次买进了。

第二次买进需要等待回调或整理的时机到来，而在 2020 年 5 月，该股就进入了横盘整理阶段，这时候投资者就要对其保持高度关注，准备好资金买进。

下面来看具体情况如何。

实例分析

突破盘整后第二次出现明确的买进机会

图 5-2 为汇川技术 2020 年 5 月至 8 月的 K 线图。

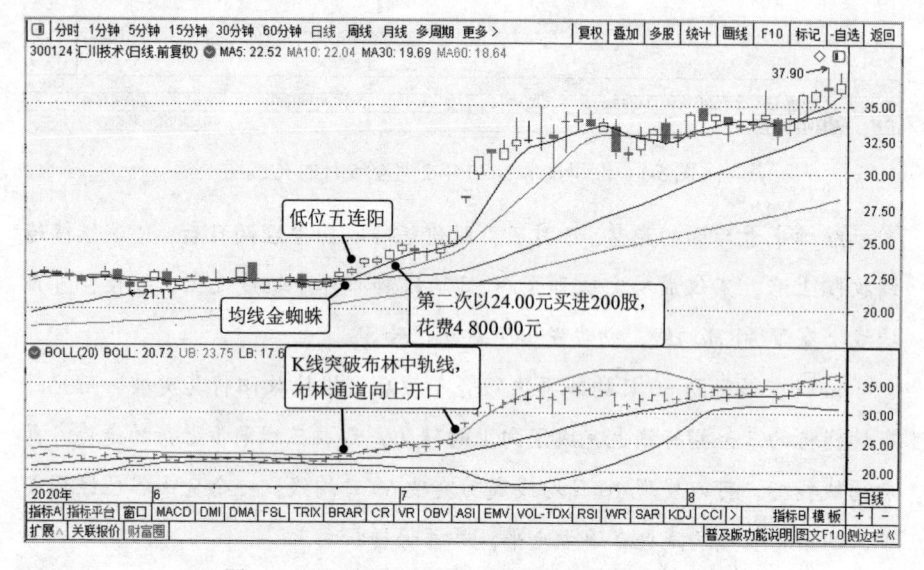

图 5-2　汇川技术 2020 年 5 月至 8 月的 K 线图

从图 5-2 中可以看到，汇川技术的股价确实在上涨到 22.50 元价位线附近后，就长期围绕该价位线横盘整理。期间的大部分 K 线实体都比较小，布林通道也形成了明显的紧口形态，说明市场正在稳步整理筹码。

这种走势一般不会形成于行情高位，也就是说，该股在整理结束后变盘下跌的可能性不如上涨高。因此，投资者要耐心持股等待。

6 月下旬，该股突然连续数个交易日收阳，将价格很快拉升到前期高点附近，形成了低位五连阳形态。

观察布林指标，可以发现K线已经成功突破到了布林中轨线之上，布林通道也有了向上开口的迹象，积极信号展露无遗。

与此同时，5日均线、10日均线和30日均线同步上行，三线聚合于极其相近的位置后转折向上，形成了一个金蜘蛛形态。再加上此时的60日均线也处于上扬状态，股价回归上涨的趋势已经很明显了。

那么此时，投资者就可以抓住机会第二次买进，假设以24.00元的价格买进200股，花费4 800.00元（24.00×200），剩余资金4 800.00元（9 600.00-4 800.00），随后持股待涨。

5.1.3　最后一次买进，建仓结束

根据投资者事先制订的计划，只剩下最后一次买进机会了。不过，即便希望买进成本较低，投资者也不能随意见低就建仓，否则金字塔建仓法控制风险的能力就会消散。

从上一次建仓结束后股价的走势来看，其相较于初始拉升的15.00元左右，已经有了比较大的涨幅。虽然此时投资者还未建仓完毕，但也要注意防范行情可能的转势，只要牛市有结束的迹象，投资者就要立即撤离，不能继续建仓计划了。

当然，牛市要转向也是有提前预警信号的，在汇川技术的这段走势中，中长期均线起到了强有力的承托作用，只要K线不彻底将其跌破，牛市就还会持续下去。

下面来看第三次建仓的过程。

实例分析
回调获得支撑后第三次买进并长期持有

图5-3为汇川技术2020年8月至11月的K线图。

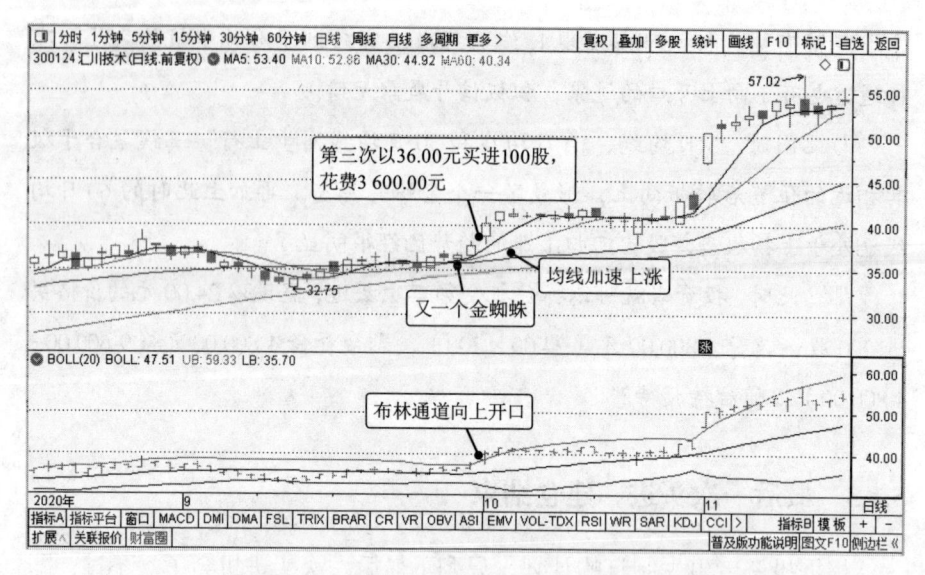

图 5-3　汇川技术 2020 年 8 月至 11 月的 K 线图

到了 2020 年 8 月，汇川技术的股价已经上涨到了接近 40.00 元价位线的位置，不过一时间没能突破，而是转向了回调整理。

9 月上旬，股价回落跌破了 30 日均线，但在 60 日均线上得到了支撑，企稳后开始缓慢向上攀升，不过在小幅越过 30 日均线后就形成了横盘，说明市场依旧处于整理阶段。

这时均线组合基本已经黏合在了一起，包括 60 日均线也上升到了 K 线下方不远处，变盘的时刻已经不远了，投资者要注意观察。

9 月底 K 线开始连续收阳上涨，成功带动 5 日均线、10 日均线和 30 日均线向上发散开来，并且三线还形成了又一个金蜘蛛形态，传递出了初步的看涨信号。

除此之外，5 日均线和 10 日均线还在原本上扬的基础上加大了上行角度，形成了加速上涨的形态。60 日均线也长期承托在 K 线与另外三线之下，形成了积极的多头排列形态。

再看下方的布林指标也能发现，布林上下轨线在 K 线短时间快速上涨的带动下分别向两边转向，形成了布林通道开口形态，进一步证实了均线指标信号的可靠性。

在众多形态积极信号的催促下,投资者此时就可以进行最后一次建仓,以 36.00 元的价格买进 100 股,花费 3 600.00 元(36.00×100),剩余资金 1 200.00 元(4 800.00−3 600.00)。

显然,这里剩下的 1 200.00 元不足以支撑投资者再次按照金字塔建仓法买进,再加上投资者原本也只打算分三次买进,所以,这 1 200.00 元就可以保留下来,当作投资者的风险预备资金,那么总的投入就是 13 800.00 元(5 400.00+4 800.00+3 600.00)。当然,投资者要是想在后续股价积极上涨的过程中加仓也是可以的。

5.1.4 深度回调来临,清仓卖出

深度回调是大多数牛股都会经历的阶段,也正是由于下跌幅度较大,很多投资者根本无法准确分辨出深度回调和行情转势的区别,判断失误踏空行情或是被套场内,都是很常见的情况。

出于谨慎的考虑,这里还是建议投资者无论有没有看出深度回调与行情转势的区别,都先行出局,保住前期收益后,再看后续个股有没有继续上涨的可能,若有,重新建仓即可。

投资者在汇川技术的上涨行情中完成建仓后,很快也会面临这一选择,下面就来看投资者的具体操作如何。

实例分析

大幅上涨后在快速下跌处清仓出局

图 5-4 为汇川技术 2020 年 11 月至 2021 年 4 月的 K 线图。

从图 5-4 中可以看到,汇川技术的股价在 2020 年 12 月形成的涨势十分稳定,K 线始终维持在两条短期均线附近运行,几乎没有向下接触过 30 日均线,说明市场助涨情绪高涨,投资者可保持持有。

进入 2021 年 1 月后,K 线连续几日收阴,接连跌破两条短期均线后落

到了 30 日均线上，后续并未继续下跌，而是踩在均线之上横向震荡了几个交易日，随后继续上涨了。

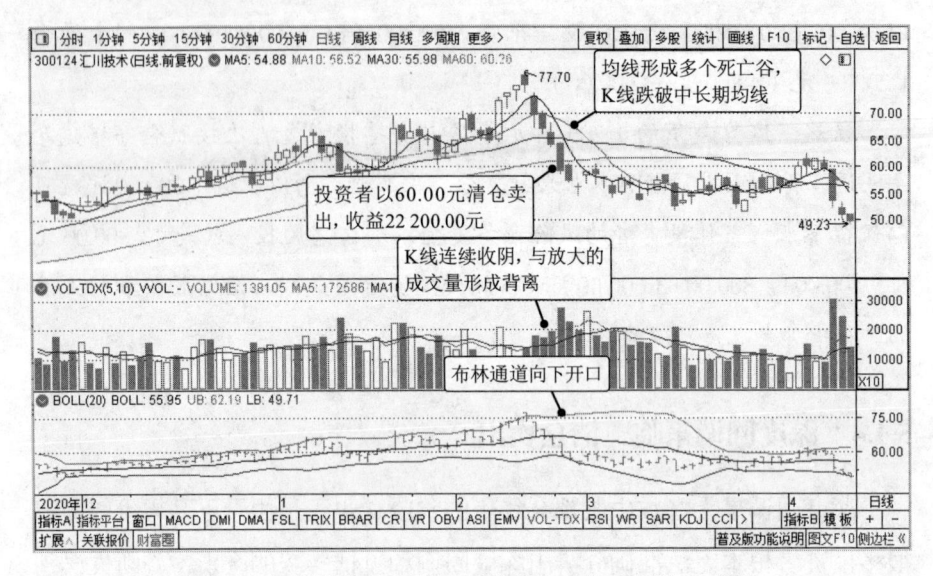

图 5-4　汇川技术 2020 年 11 月至 2021 年 4 月的 K 线图

可见，这是一次比较短暂的回调整理，投资者完全可以不予理会，或是趁机加仓。这里假设投资者不打算在如此高位冒险加仓，仅仅持股观望。

继续来看后面的走势。该股回归上涨后，连续两次在 70.00 元价位线处受阻，不过最终还是在 2 月初成功将其突破，一路向上来到了接近 78.00 元价位线的位置。不过就在该股创出新高的当日，股价冲高回落，最终以一根小实体阴线报收。

单从这一个交易日的走势还不能看出什么端倪，但当 K 线连续五日收阴，并接连跌破两条短期均线和两条中长期均线，形成数个死亡谷形态，布林通道也开始向下转向并形成开口形态后，投资者就要开始考虑深度回调和行情转势的可能了。

除此之外，下方的成交量指标也给出了异常提示。就在 K 线连续收阴短期暴跌的同时，成交量却形成了明显的放大。这说明在股价暴跌时，场内的交易量在急剧增加。而除了散户大量跟随抛盘出局的原因外，主力出货的概率也是比较大的。

下面来看成交量放大的这五个交易日的具体分时走势情况。

图 5-5 为汇川技术 2021 年 2 月 18 日至 2 月 24 日的分时图。

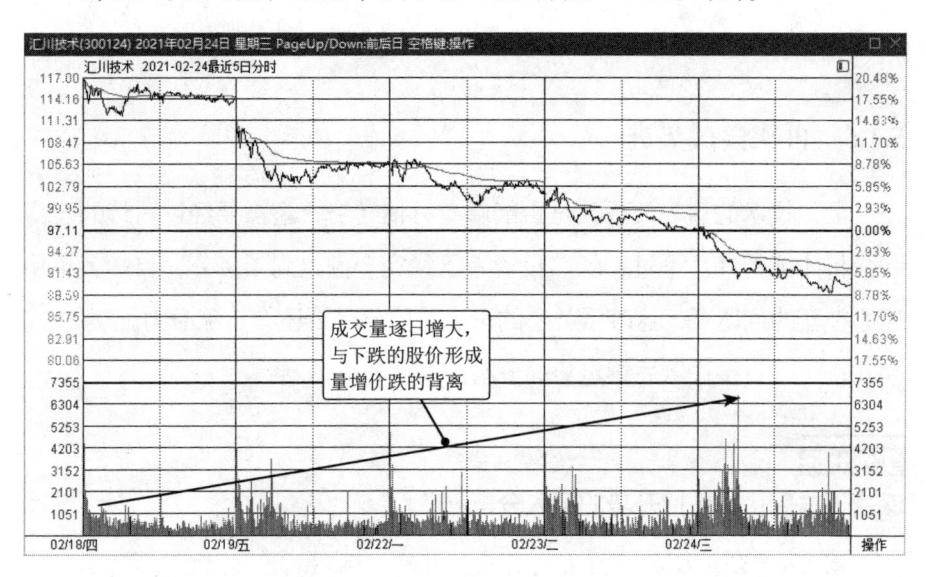

图 5-5 汇川技术 2021 年 2 月 18 日至 2 月 24 日的分时图

从这五个交易日的分时走势可以看到，该股几乎每日都被压制在均价线之下运行，而且也几乎每日都形成过反弹，但都没能突破成功，最终下跌，以阴线收盘。

而下方的成交量也是逐日增大，到了 2 月 24 日，更是在早盘期间形成了明显的量增价跌的背离。这说明市场中正有大量交易在进行，并且卖盘的数量更多，这才导致买盘无法完全消化，卖盘无奈压价出售，股价越跌越低，跌速也一再加快。

很显然，在这种情况下，股价有可能在恶性循环中持续下跌，最终导致行情转向，但也有可能被外部涌入的买盘支撑住，只是形成一次深度回调。不过无论如何，投资者还是应以卖出为佳。

所以，投资者此时就以 60.00 元的价格将 600 股清仓全部卖出，一共到手 36 000.00 元（60.00×600），收益 22 200.00 元（36 000.00-13 800.00），

收益率约为 160.87%（22 200.00÷13 800.00），可以说是相当不错了。

此后，投资者还可以继续观察汇川技术的股价走势，看是否还有介入机会，毕竟前期收益已经如此高了，若该股后续还能够上涨，带来的收益应该也不会差。

5.1.5　再次尝试买进

汇川技术的这一波下跌是否能够令行情转势，还需要经过后续的观察和分析才能得知。不过，既然投资者已经完全撤离到了场外，自然就不用担心被套的问题了，这时要关心的重点是股价是否还有上涨潜力。

接下来直接进入后续走势的分析中来。

实例分析

深幅下跌后企稳重拾升势的买入分析

图 5-6 为汇川技术 2021 年 2 月至 7 月的 K 线图。

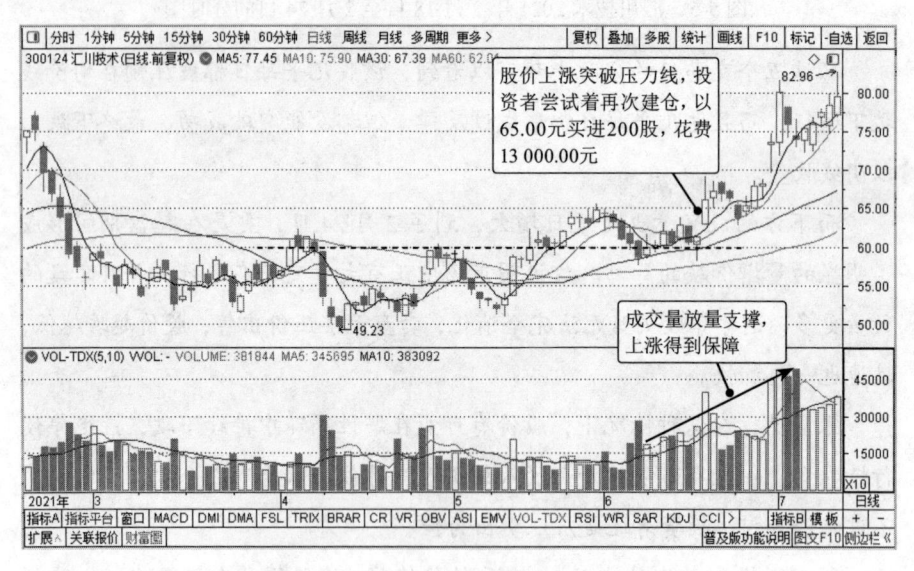

图 5-6　汇川技术 2021 年 2 月至 7 月的 K 线图

从图5-6中可以看到，汇川技术在2021年3月初下跌到55.00元价位线附近后就止跌了，后续则是围绕该价位线形成了连续的横盘震荡，说明场内多方开始蓄积力量反抗，该股未来也许有希望回归上涨。

3月底，股价形成了一次相对强势的反弹，但是在60.00元价位线上方受阻回落了，第一次正式突破失败，股价跌到50.00元价位线上才企稳。

4月中旬，股价再次向上发起冲击，经历震荡后来到了60.00元价位线附近，但还是未能将其突破。这就说明该价位线是一条关键压力线，后续该股能否突破该价位线，大概率关系着后续能否继续上涨，所以，投资者要对其保持高度关注。

5月初，该股下落到前期低点附近后再次收阳，向上靠近压力线。但这一次，K线成功突破到了其上方，并在回踩后确认了其支撑力，继续向上接近下一条压力线了。

这意味着该股很可能已经摆脱了下跌走势，后续会回归上涨。不过投资者也可以不着急在此买进，毕竟该股在65.00元价位线上又一次受阻，不知道后续能否得到支撑继续上升。

6月初，股价跌至60.00元价位线上后明显止跌企稳，并开始上涨了。这说明前期的压力线转化为了支撑线，市场中的买盘已经开始发力了，后续股价上涨的概率很大。

而正当该股向上靠近65.00元价位线时，K线收出了一根向上跳空的长实体阳线，不仅成功穿越到了均线组合之上，还突破了该压力线。显然，这根K线同时形成了向上突破缺口和鱼跃龙门的形态，看涨信号是非常强烈的。

除此之外，成交量也同步形成了积极的放量，配合推动股价上涨，在买单大大增加的情况下，投资者也可以跟随入场，再次建仓了。

不过，由于该股此时已经上涨到了较高位置，投资者若再使用分批建仓法，可能没等到建仓完毕股价就下跌了。所以，这里投资者直接以65.00元的价格一次性买进200股，花费13 000.00元（65.00×200），尝试着利用后续涨幅再赚取一波收益。

5.1.6 最后结算收益

从上述案例中汇川技术的后续走势来看，投资者还是有很大机会再次盈利的，不过盈利的前提还是建立在及时止盈或及时止损上。后续汇川技术无论是再次深度回调还是行情转势，投资者都要谨慎对待，像 5.1.4 那样及时撤离。

下面来看又一次快速下跌来临时，投资者在何处结算收益。

实例分析

行情见顶时的收益计算

图 5-7 为汇川技术 2021 年 6 月至 10 月的 K 线图。

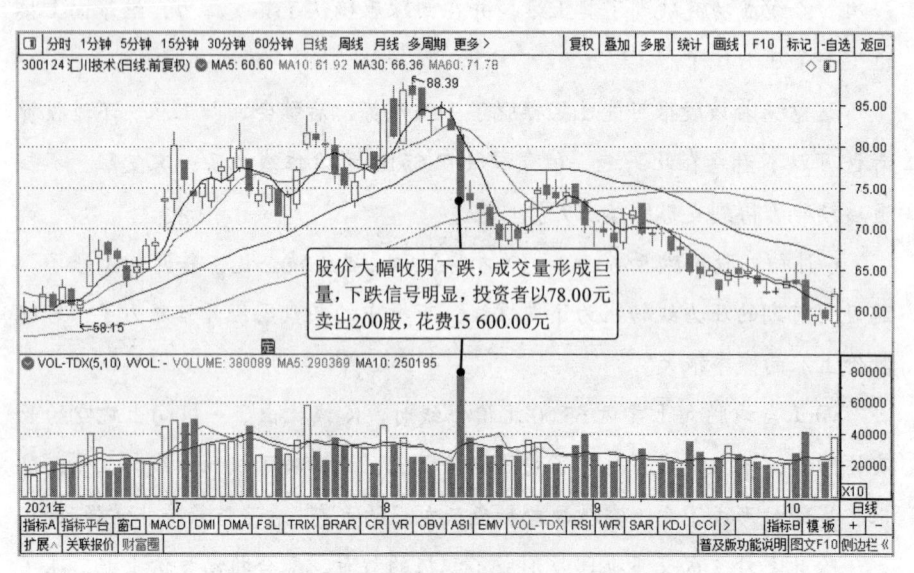

图 5-7　汇川技术 2021 年 6 月至 10 月的 K 线图

从图 5-7 中可以看到，汇川技术自从突破 65.00 元价位线后，就一直维持着震荡式的上涨，整体无论是涨速还是上涨稳定程度都不如前期。再加上成交量到了后期也没能提供充足的支撑，该股此次上涨还是比较艰难的，所以，很有可能在结束此次拉升后就转入下跌行情之中。

那么，投资者在发现这一点后就要注意观察 K 线与均线之间的位置关系，以及成交量是否再有异动。

8月初，股价最高冲到了88.39元的位置，但当日便冲高回落，收出一根小实体阴线。后续该股连续下跌，更是在8月12日以巨量长阴线彻底跌破30日均线，并使其明显向下扭转，卖出信号明显。

下面来看当日的具体情况。

图5-8为汇川技术2021年8月12日的分时图。

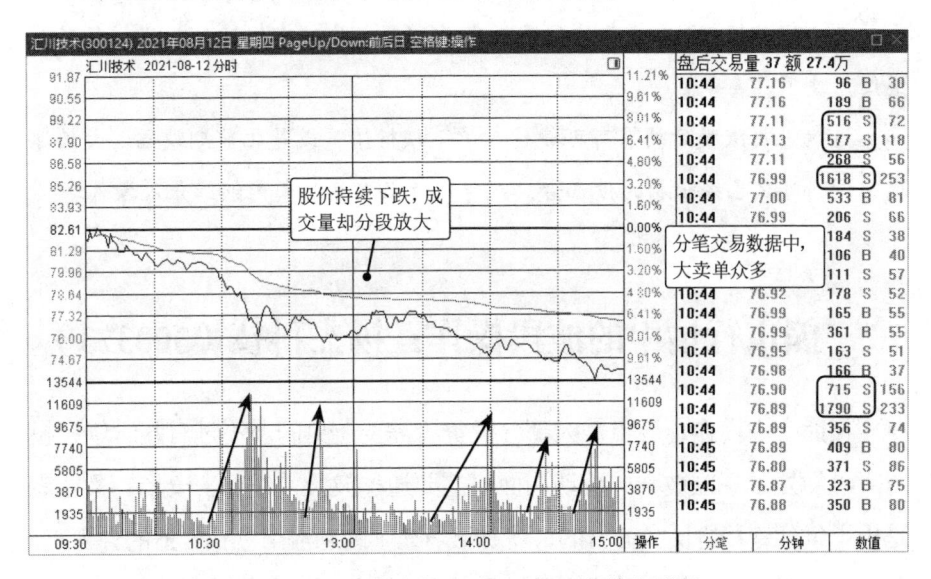

图5-8　汇川技术2021年8月12日的分时图

从图5-8中可以看到，汇川技术在8月12日是以低价开盘的，开盘后一个小时内的走势还算正常，股价缓慢下跌。但在10:30之后，随着成交量的突兀持续放大，股价出现了明显的加速下跌，很快就跌到了76.00元价位线上。

从右侧的分笔交易数据窗口中也可以看到，在量能明显放大的这几分钟内，场内频繁出现大卖单，大概率是主力出货的痕迹。而且此时的股价也已经跌破了30日均线，综合来看，投资者也应当及时撤离了。

因此，这里投资者以78.00元的价格清仓卖出200股，到手15 600.00元（78.00×200），收益2 600.00元（15 600.00-13 000.00），收益率为20%（2 600.00÷13 000.00），也是比较可观的。

从该股当日后续的走势也可以看到，随着股价的持续下跌，成交量出现了分批的放量，场内的大卖单也时有出现。而且投资者仔细观察就可以发现，场内投资者每一次集中抛售，量能增长时，股价都会形成一次快速下跌，直至收盘，说明卖盘全线占优。

在 K 线图中，当日的最低价已经跌破了 75.00 元价位线，而且后续还在持续下行，直至跌破 60 日均线。虽然在 8 月底该股形成了一次反弹，但高点只是小幅越过了 75.00 元价位线，离前期最高价还有很远的距离，随后就继续下跌了。

这就说明该股后续很有可能转入了下跌行情，或是比前期跌幅还大的深度回调。那么已经出局的投资者，就可以不必在短时间内继续介入操作了。

5.2 熊市行情中的波段操作：扬杰科技（300373）

在熊市中操作，应当是大部分投资者需要避免的。不过有些时候，投资者可能处于高位被套的被动局面，需要通过波段操作解套离场；又或者是出于争分夺秒抢反弹的目的，需要学习在下跌趋势中寻找合适的介入点。所以，了解在下跌行情中的波段操作技巧，也是很有必要的。

本节就选取了扬杰科技的一段熊市行情，为投资者展示波段分析操作过程。

需要注意的是，为了保证连贯性，本节案例都是沿着扬杰科技的下跌趋势进行持续买卖的。而在实战中，投资者只需要在其中某一个高点止盈或止损，或是在某一段反弹中介入盈利就可以了，不需要如本案例一般，一直操作到熊市行情见底为止。

5.2.1 行情见顶及时止盈

熊市行情的开启，也就是牛市行情的终结，那么投资者在顶部及时止盈或止损就显得非常重要了，毕竟这关系着前期收益能否兑现。

至于止盈和止损的位置，已经在第4章中有过详细介绍，投资者能够利用的信息有很多，不过具体还是要根据实际来分析。

下面就来看扬杰科技这段熊市行情开始时合适的止盈位置在何处。

实例分析

熊市开启时的止盈出局操作

图5-9为扬杰科技2022年2月至4月的K线图。

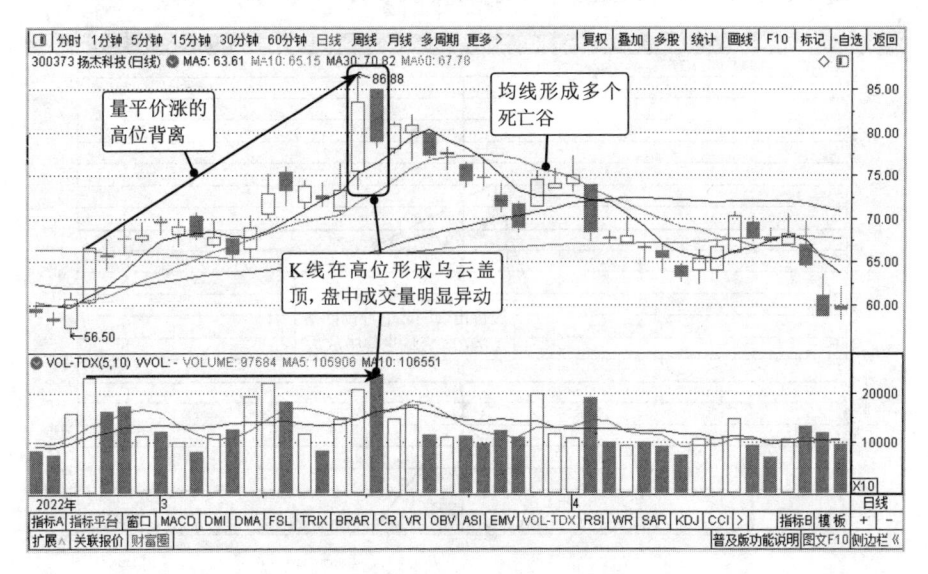

图5-9 扬杰科技2022年2月至4月的K线图

从图5-9中可以看到，扬杰科技的股价在2022年3月中旬之前还处于上涨过程中，涨势也算稳定。只是在K线不断突破前期高点的同时，成交量的量能却几乎走平，二者形成了量平价涨的背离。

在股价上涨的同时，若成交量没有给予足够的支撑，那么个股后续的涨势也得不到保障，这种状态持续到最后，股价可能会演变为横盘整理或下跌。也就是说，量平价涨在很多时候都是股价上涨缺乏动力，价格即将见顶走弱的表现，尤其是在上涨高位形成时，看跌信号会更加强烈。

因此，这里的量平价涨就很可能是对股价即将转势的预警，谨慎型的投资者要特别注意，必要时甚至可以提前出局。

3月中旬股价突然快速收出了一根长实体阳线，直接向上突破85.00元价位线，单日涨幅极大。不过就在次日，该股高开后低走，收出了一根同样实体偏长的阴线，向下深入了阳线实体内部一半以上，二者组合形成了乌云盖顶形态。

与此同时，这两个交易日的成交量也有所异动，具体可进入分时图中观察。

图5-10为扬杰科技2022年3月16日至3月17日的分时图。

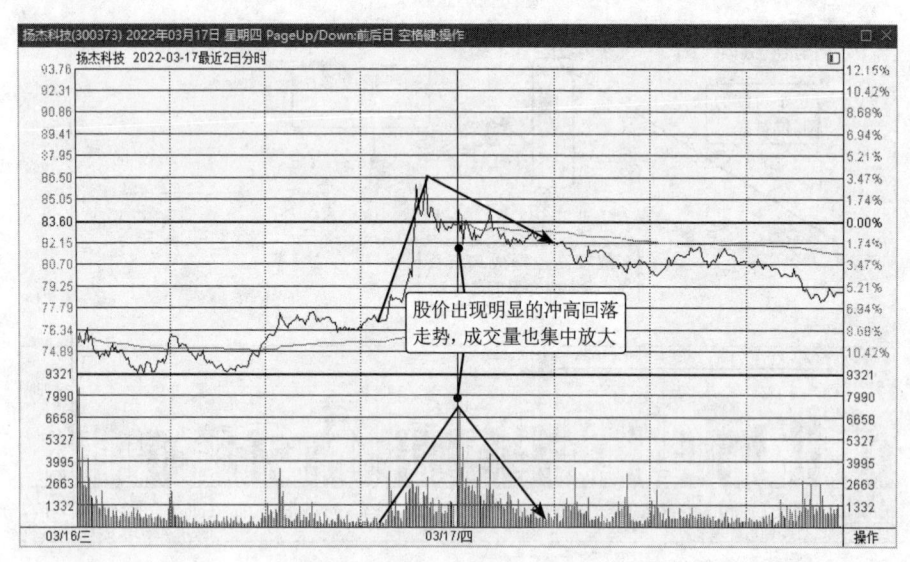

图5-10　扬杰科技2022年3月16日至3月17日的分时图

从这两个交易日的分时走势中可以看到，扬杰科技在3月16日的早盘交易时间内的走势是偏向低迷的，股价大部分时间都被压制在均价线下方，成交量也长期缩减。

不过下午时段开盘后，这种低迷走势得到了明显的改善，股价开始积极向上攀升，不过速度也不算太快。直到尾盘后（也就是临近收盘的半个小时），股价涨速明显加快，几乎是呈直线向上拉升，触顶后才小幅回落，最终以14.08%的涨幅收盘。

次日，股价就出现了长期的下跌。将其与前一日的股价走势结合来看，冲高回落的形态还是十分明显的。

除此之外，在3月16日的尾盘和3月17日开盘后的半个小时内，成交量形成了山峰式的缩放。这说明在这两段高价位区域内有大量交易在进行，并且交易频率明显高于其他位置，极有可能是散户与主力在共同出货。

那么，结合前期成交量的预警信号与此时的乌云盖顶形态来看，后市下跌的概率较高，为谨慎起见，投资者最好还是及时止盈撤离。

从K线图中后市的走势也可以看到，股价在乌云盖顶之后就开启了连续的下跌，很快便落到了30日均线上，虽有反弹，但幅度极小，反倒证实了下跌行情的开启。

而且在这段时间内，两条短期均线也已经完成了向下的扭转，并跟随着股价的再次下跌跌破了30日均线，形成了一个死亡谷。此时，还未离场的投资者就要迅速止损出局了。

5.2.2　强势反弹准备介入

一般来说，熊市行情开启之后，股价会断断续续形成非常多的反弹，但其中只有一些幅度较大的，或者位置相对较高的值得投资者参与，或用于盈利，或用于解套。

至于如何判断出强势反弹，投资者也可以根据技术指标的指引进行分析。比如K线对中长期均线的突破形态，量能与股价的配合形态，布林通道的向上转向等，都可以作为判断依据。

下面就来看扬杰科技在进入熊市行情后，形成的第一次强势反弹。

实例分析
下跌期间的低吸高抛抢反弹

图5-11为扬杰科技2022年3月至6月的K线图。

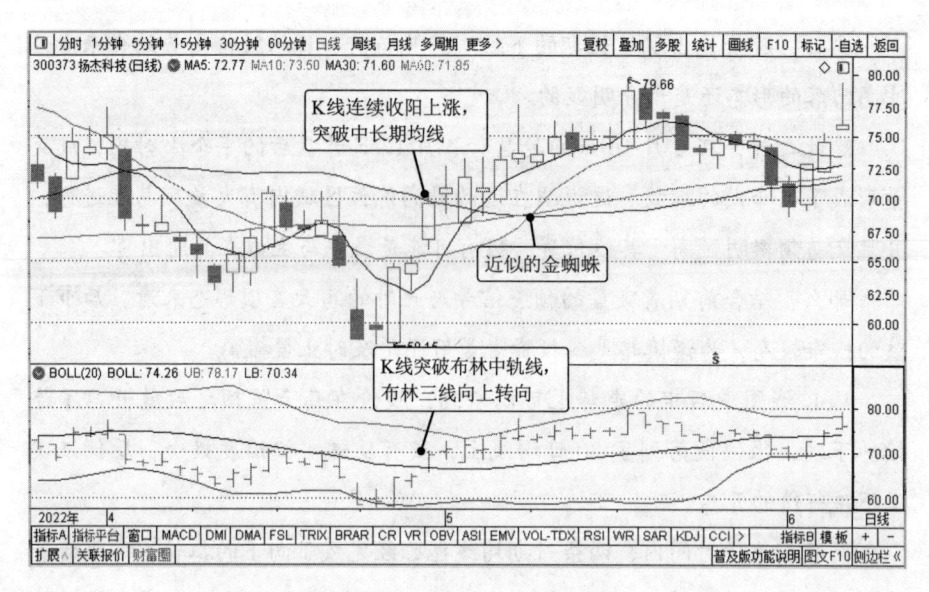

图5-11 扬杰科技2022年3月至6月的K线图

2020年4月中旬，扬杰科技的股价已经将60日均线也跌破了，就算K线也在同一时期形成了反弹，30日均线和60日均线依旧维持着压制作用，分别限制住了K线和5日均线，没让其突破成功。

4月下旬股价继续下跌，在形成了一个向下跳空缺口后来到了60.00元价位线下方。该股在此止跌企稳，数日后就连续收阳上涨，短短三个交易日就向上突破了60日均线，来到了30日均线下方。

与此同时，下方的布林指标显示，K线也成功突破到了布林中轨线上方，并带动布林三线逐步走平，向上转向。

多重积极信号叠加在一起，预示着强势反弹可能即将来临，一直等待机会的投资者此时就可以迅速跟进建仓了。不过在下跌行情抢反弹的过程中，投资者一次性轻仓买进就可以了，没必要分批建仓，毕竟反弹的幅度和时间始终无法比拟真正的上涨。

从后续的走势可以看到，该股在彻底突破中长期均线后横向整理了几日，随后才继续上涨。10日均线、30日均线和60日均线也在同一时间向上扭转，几乎交叉于同一点，形成了一个近似的金蜘蛛形态，进一步加强了买进信号的可靠度，投资者依旧可以借此买进。

5.2.3 稳定下跌趋势中波段操作

在熊市行情中，如果下跌趋势比较稳定，投资者是有机会绘制出下降趋势通道的。虽然下降趋势通道的形成意味着股价跌势的持续，但K线在通道内部的规律性震荡，也为波段操作投资者提供了大量的操作机会。

在扬杰科技的这段熊市行情中，就出现了这样的规律性下跌走势，投资者自然也是可以参与的，但一定要注意仓位管理，不能像在上涨行情中那般大批量投入。

下面就来进行详细的解析。

> **实例分析**
> **稳定下跌途中的波段买卖操作**

图5-12为扬杰科技2022年5月至9月的K线图。

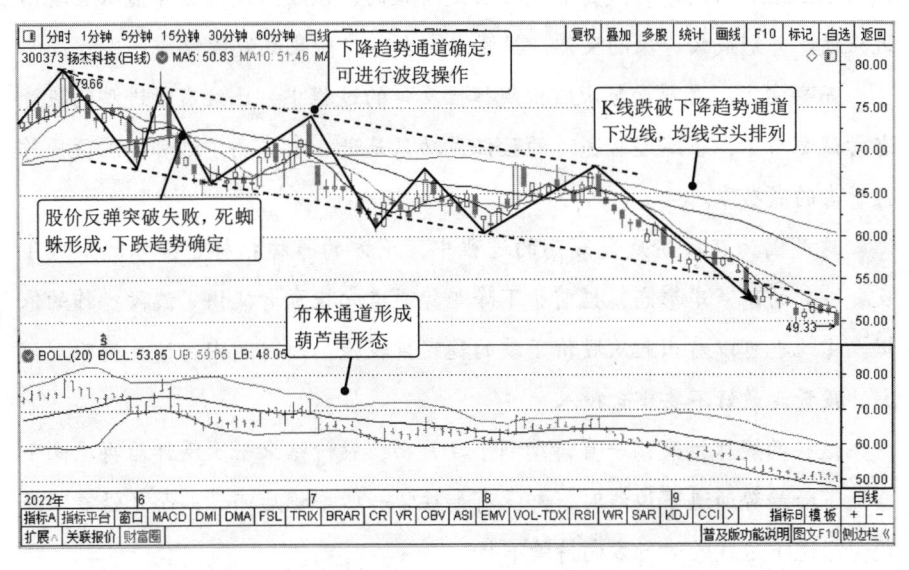

图5-12 扬杰科技2022年5月至9月的K线图

从图5-12中可以看到，扬杰科技在2022年5月中旬反弹到了最高79.66元的位置，触顶后转向下跌，小幅跌破两条中长期均线后才止跌企稳，随后形成再次的反弹。

这一次反弹的速度极快，但持续时间却是极短。该股在冲到前期高点附近后出现了冲高回落走势，无奈收出一根带长上影线的小阳线后持续下行，彻底跌破了两条中长期均线。

与此同时，四条均线纷纷走平或转向，并几乎交叉于同一点，形成了一个四线死蜘蛛（与金蜘蛛对应），看跌信号十分强烈，抢反弹的投资者要注意止盈或止损出局了。

在后续的走势中，股价跌至65.00元价位线附近止跌，横盘一段时间后形成了再次的反弹。而观察前期的两个高点与低点，投资者可以发现其下移的幅度都差不多，那么就可以尝试着绘制下降趋势线和下降趋势通道，等待后续反弹的验证。

6月底，该股已经上涨接近了75.00元价位线，之后在此受阻后拐头下跌，高点正好落在了待验证的下降趋势线上，证实了其有效性。那么在下降趋势线基础上绘制出的平行线自然也应当是有效的，该股后续大概率能够在其附近止跌，并形成又一次的反弹，投资者完全可以借此做波段操作。

而事实上，在前面数次股价规律性反弹的过程中，已经有激进型的投资者尝试参与了，下降趋势通道的验证成功只是进一步提高了这部分波段操作投资者的成功率。

这是因为在股价反复震荡的过程中，下方的布林指标已经跟随形成了反复缩放的葫芦串形态，提前于下降趋势通道向投资者提供了波段操作的依据。由此也可以看出此次股价下跌的稳定性较强，短时间内行情反转难度较大，投资者最好不要重仓投入。

这样的规律性震荡一直持续到了9月初，股价结束一次反弹后再次向下靠近下降趋势通道下边线时，却没有如往常一般企稳后回升，而是沿着下降趋势通道下边线的运行方向持续下行。

与此同时，整个均线组合也朝着下方发散开来，形成了空头排列的形态，预示着未来走势有可能会发展为向下跌破。

这一猜想在数日后得到了证实，K线以一根长实体阴线向下跌破了下降趋势通道的下边线，并在后续的回抽不过中确定了其压制力。这就意味着股价短时间内可能会形成更加深幅的下跌，波段操作的投资者此时若还没有撤离，就可能会遭受损失了。

5.2.4 长期整理后形成暴跌

在下跌行情运行的过程中，股价可能会在多方反抗的带动下形成长时间的横盘震荡。在此期间，股价变盘的方向就不太明朗了，那么投资者也要根据具体情况决定是否离场。

一般来说，在持续的下跌行情中，股价横盘结束后大概率会继续变盘下跌，但也有例外情况，比如强势反弹或反转上涨，主要还是看市场情绪和主力意图。投资者的应对策略就是耐心等待，然后在变盘的第一时间作出相应的买卖决策。

下面就来看一下扬杰科技横盘震荡到后期出现变盘暴跌时投资者的应对。

实例分析
整理结束后变盘继续下跌时要及时止损

图 5-13 为扬杰科技 2022 年 10 月至 2023 年 6 月的 K 线图。

经历了前期的稳定、持续性下跌后，扬杰科技在 2022 年 10 月已经跌到了 47.50 元价位线附近，在此企稳后，形成了又一次比较强势的反弹。

该股在反弹过程中分别于 30 日均线和 60 日均线处明显受阻整理，但最终都成功突破了，最高还达到了 61.57 元。虽然此次高点远不及上一次强势反弹的位置高，但反弹幅度却是赶得上的，操作得好的投资者，有机会借此获得不错的收益。

不过，股价后续很快转势下跌，落到 60 日均线上企稳震荡，随后再次下跌，但也没有跌破前期低点，而是在 52.50 元价位线附近得到支撑后继续反弹震荡。

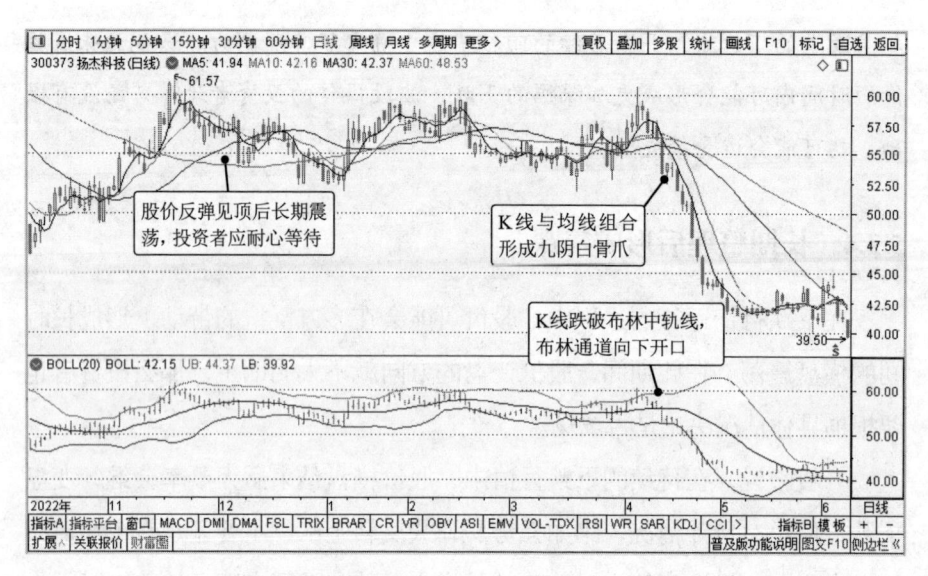

图 5-13　扬杰科技 2022 年 10 月至 2023 年 6 月的 K 线图

在后续数月的时间内，股价持续横盘震荡，导致均线组合都黏合在一起，暂时无法传递出有效信息。那么在此期间场外投资者就需要耐心等待，场内投资者可以先行出局观望。

4 月中旬，K 线骤然加快收阴速度，短时间内形成了剧烈的下跌，导致均线组合迅速向下发散，配合 K 线形成了九阴白骨爪的形态。与此同时，布林通道也明显向下开口，传递出了强烈的看跌信号。

这就说明市场最终选择了看跌，股价向下急剧变盘。此时的场内投资者越早止损越好，场外投资者更是不可介入。

通过对理论知识的学习，相信投资者已经对低吸高抛的波段操作有了比较清晰的认知。但需要注意，理论知识并不适配所有实际情况，投资者在实战中需要结合实际分析，不可盲目按照理论知识操作。